U0056178

調整泳姿！馬上刷新個人紀錄！

全彩圖解

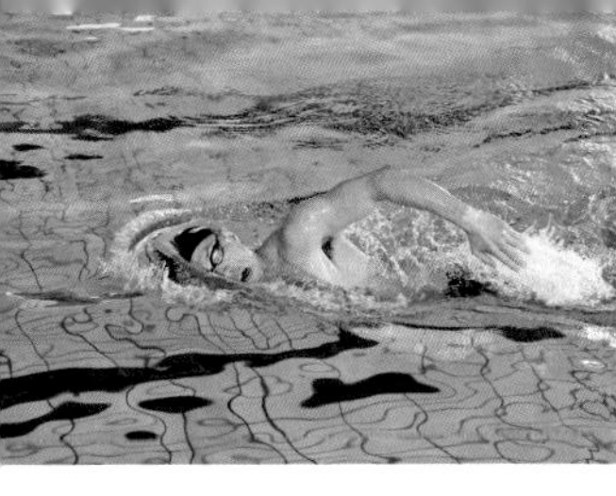

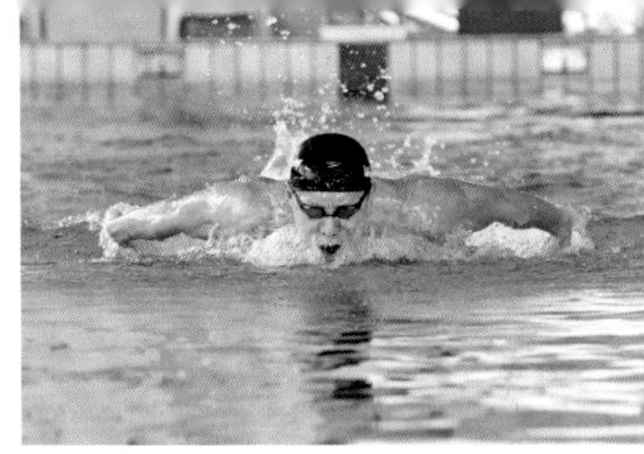

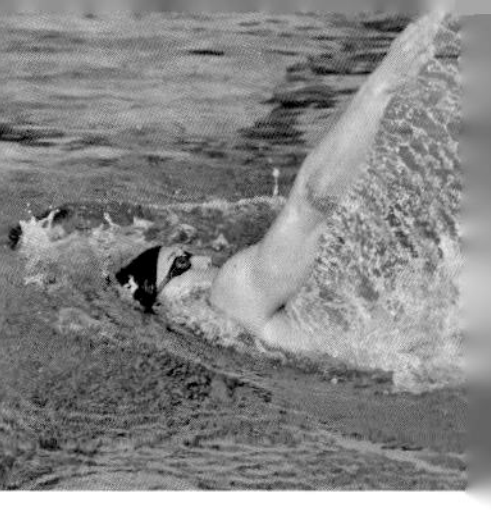

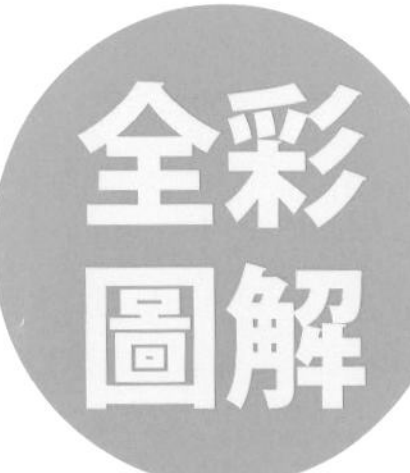

提升泳速的50堂訓練課

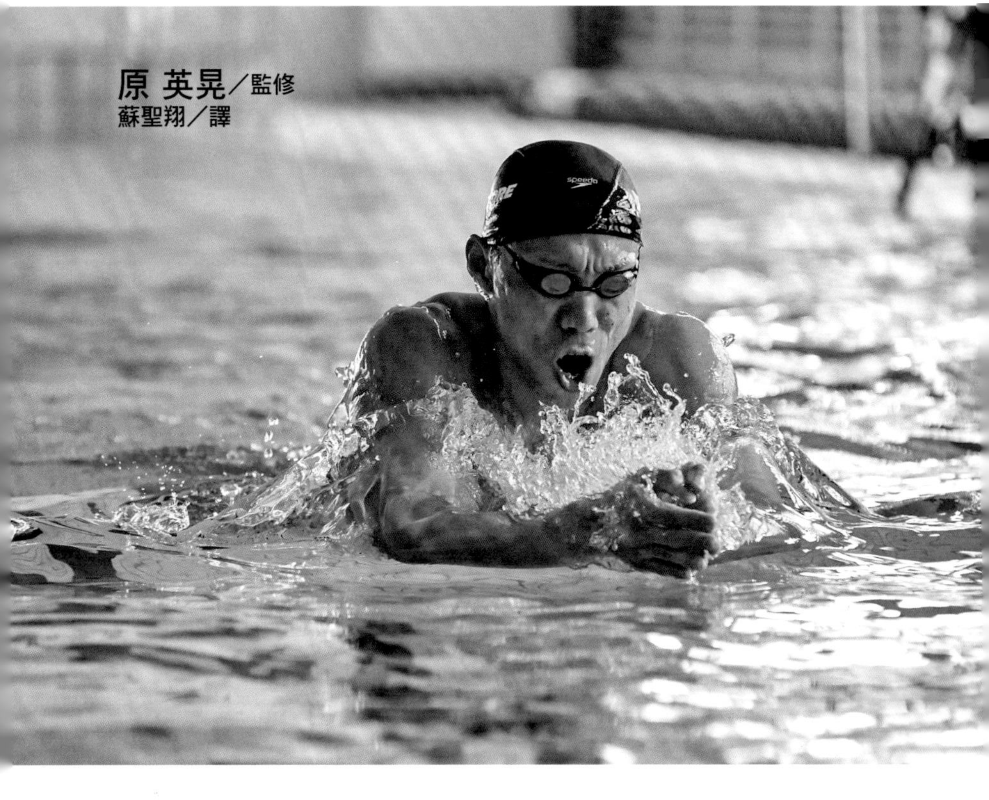

原 英晃／監修
蘇聖翔／譯

前言

游泳有自由式、仰式、蛙式、蝶式這四種游泳方式，每種游泳方式乍看之下，或許會讓人覺得全都是截然不同的游泳方式。然而在這四種游泳方式之中，從划水、打水，到姿勢、換氣動作，其實存在著許多「共通的動作」。只要理解這些共通項目，就能瞭解如何活動身體才能更有效率地抓住水流。一邊思考能否增加推進力一邊練習，這才是提升泳技的第一步。

然而，在水中這樣的特殊環境下，我們很難認清自己身體的動作。此外水中也和陸地上不同，並沒有支撐身體的支點。要保持姿勢，我們必須提升身體的強度、鍛鍊肌力與柔軟度等體力上的要素，否則就

得花費許多時間才能學會，而且有些技巧也難以做到。因此各位要記得，除了水中的練習之外也要同時進行陸上訓練，才是提升游泳實力的捷徑。

本書中將會解說讓四種游泳方式游得更快的必要重點，除了介紹增進技巧的練習內容之外，也會介紹許多有效的陸上訓練。

衷心期盼本書對於「想要比現在縮短更多時間」的泳者來說能派上用場。

原　英晃

本書的使用方式

在本書將介紹提高游泳能力的50個訣竅。包含讓自由式、仰式、蛙式、蝶式游得更快的方法、有效率的出發和轉身技巧，甚至是在陸地上能做的訓練方法，都廣泛網羅在書中。

雖然從開頭依序閱讀最為理想，不過先閱讀並掌握自己特別想提高水準的游泳方式也可以。原則上會以2頁的篇幅介紹一個訣竅。在每一頁，會舉出習得技巧的POINT與訣竅，敬請用來協助加深理解。

標題
在這一頁要掌握的重點和技巧名稱一目瞭然。

訣竅 06

自由式的打水

打水時擺動幅度要小

CHECK POINT
1. 抱持著不要打水的想法
2. 做出幅度小又細微的打水
3. 大腿不要用力

想要有效率地游泳就得注意三「不」

打水時最重要的，就是動作不要太大，踢腿的幅度要小一點。就算使勁地打水，也不會產生巨大的推進力。

尤其在游自由式時，打水只能產生整體兩成左右的推進力，為了讓游泳時更穩定，打水要用來取得平衡、讓身體浮起。

26

CHECK POINT
介紹掌握訣竅的重點。進行訓練時，須經常意識到這幾點。

POINT

利用照片來介紹運用技巧時的訣竅。

抱持著不要打水的想法

划水會產生較多的推進力，所謂不妨礙划水的打水，就是指擺動幅度較小、不造成阻力的打水。因此，雖然實際上會擺動腿打水，腦中卻要想著「不要打水」，以這樣的感覺來游泳。這麼一來擺動幅度就會變小，也會更有效率。

做出幅度小又細微的打水

腦中想著「要打水前進」，就很容易會變成膝蓋彎曲的大幅度踢腿。這麼一來不只阻力會變得比推進力還大，也會導致下半身下沉。從膝蓋到腳尖要放鬆，注意膝蓋不要過度彎曲，打水動作要幅度小又細微。

大腿不要用力

大腿聚集了非常大塊的肌肉，所以用力打水很快就會消耗掉體力。一直想著彎曲伸直膝蓋，大腿就會容易用力，所以不要用力、保持放鬆的狀態，只要想像從髖關節帶動整隻腳就行了。

繃緊體幹打水也會更穩定

在打水時如果放鬆體幹部分的力氣，往下踢或往上踢時身體就會彎曲或向後仰。確實做好收腹動作繃緊腹部，讓體幹穩定，就能做出擺動幅度較小、有效率的打水動作。

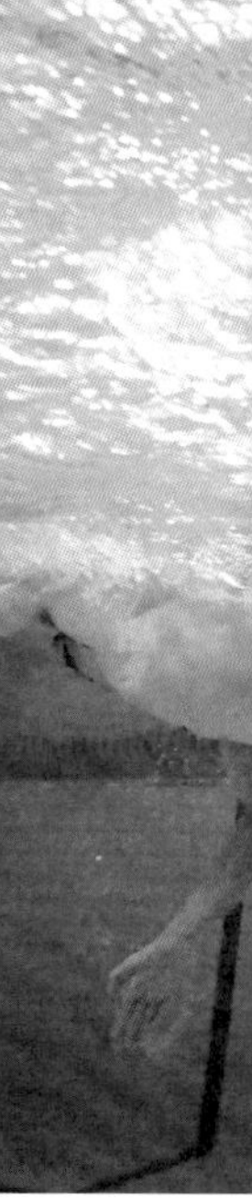

先抱持著「不要打水」這樣的心情吧。不要打水、動作不要太大、不要用力，這三個「不」就是自由式打水的重點。

27

+1專家建議

對於應注意的重點等提出建議。

目錄

PART 1 下水前應該瞭解的游泳知識

PART 2 自由式

PART 3 仰式

蛙式

PART 5

蝶式

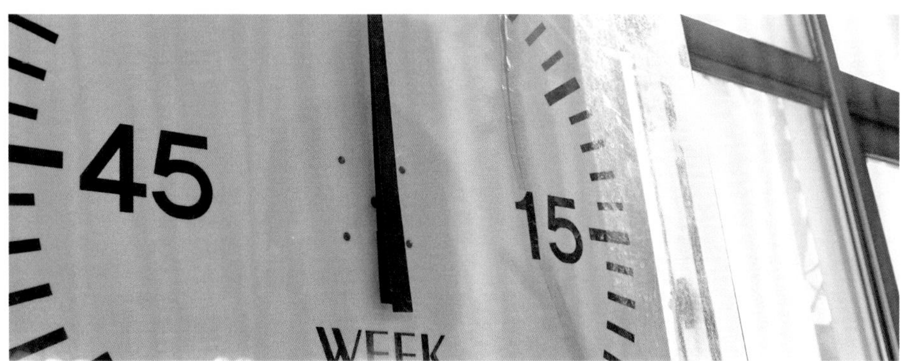

徹底鑽研壁邊的技巧！

藉由陸上訓練提升游泳實力

PART 1

下水前應該瞭解的游泳知識

下水前①

水中訓練與陸上訓練的關係性

提高水中訓練效果的陸上訓練

想必有不少人的觀念是「游泳選手都是在水中鍛鍊身體」。因為是在水中進行的運動，所以有這樣的想法也是當然的。然而，頂尖的泳者不只會在水中練習，也會努力進行陸上訓練，希望大家一開始能先瞭解這一點。

「沒有可以支撐身體的支點」，或是「以水平姿勢連續運動」、「有水和波浪的阻力」等等，水中可以說是一個特殊的環境。因此，「游泳時必須自己創造支點，以水平姿勢取得平衡，並且保持阻力較小的姿勢，同時有效率地活動四肢，也必須克服波浪的阻力」游泳比賽需要具備這樣的身體能力。

然而，由於游泳會促進全身的血液

循環，所以很難供給特定組織較多的氧氣。而且水中的重力較小，所以比起在陸地上，對肌肉的負擔比較少。磨練游泳實力與游泳技術時需要有一定的肌力與疲勞耐受度，基於這些理由，光靠在水中訓練難以提高這兩者，也無法預防身體出問題。

此外，游泳比賽特有的動作特性，也就是在水中保持水平姿勢，或是身體往左右扭轉的動作，會對體幹造成相當大的負荷。為了打造出能承受這些負荷的身體，陸上訓練是相當重要的要素之一。當然，用划水動作用力地推水，或是激烈地打水，陸上訓練也能有效增強這些動作需要用到的力量。

陸上訓練在游泳用語中叫做「旱地訓練」。相對於水中訓練＝在潮濕的地方訓練，陸上訓練＝在乾燥的地方訓練的意思。利用旱地訓練，就能讓自己的游泳實力更上一層樓。

下水前②

提升游泳實力的四個重點

增加水中訓練效果的四個重點

前面說過為了提升游泳實力，不只是水中訓練，活用陸上訓練同樣也很重要。除此之外，為了讓游泳實力提升，希望各位先記住，水中的訓練重點，有「姿勢」、「浮力」、「換氣」、「阻力與升力」共四點。

在游泳時要經常意識到「姿勢」。想要輕鬆、快速地游泳，重要的是能減少多少從前面承受之水的阻力。為此，盡可能與水面保持水平狀態、讓姿勢穩定，就成了最大的重點。

接著是「浮力」。沉入水中的體積有多大，就能獲得多少浮力。換言之，充分吸入空氣讓體內的體積變大，「使身體沉入水中」就能充分獲得浮力，讓

身體更容易浮在水面上。然而，人類無法像船一樣整個漂浮在水面上，頂多背部或臀部附近稍微浮出水面，就是在水中漂浮的極限了，這點各位要先記住。

再來是「換氣」，換氣時非常重視吐氣。各位可以在陸地上試著持續吸氣而不吐氣，相信會變得愈來愈難受。這在水中也是一樣的。在進行換氣動作之前，重點在於要先充分地吐氣。

第四點是「阻力與升力」。游泳是同時利用直直往正後方推水的力量（阻力），以及如撥水動作般往斜向或橫向擺動手所產生的力量（升力），藉此產生推進力。划水和打水也可說是一樣的原理。

牢記這四個重點進行水中訓練，將使訓練更有效果，較以往更進一步提升游泳實力。

訣竅 01

良好的游泳方式來自於良好的姿勢

提高腹壓，做出阻力較小的姿勢

NG

注意骨盆與下巴的角度

背部挺直時，骨盆不能向前傾（臀部突出的狀態）。下腹部與臀部要用力，讓骨盆垂直立起。另外，下巴向前抬起的話阻力會變大。相反地要是太低，後頭部也會承受水的阻力，所以必須特別注意。

CHECK POINT

1. 藉由收腹來穩定體幹
2. 控制胸廓做出筆直的姿勢
3. 在水中用力蹬牆，維持同樣的姿勢

利用收腹打造完美的身體流線

在陸地上由於重力不斷在作用，會從地面獲得反作用力，所以我們是靠接觸地面的部分支撐起身體。

而在水中沒有支撐身體的支點，在接近無重力的特殊環境下，還要承受水的阻力。為了減輕阻力，讓四肢能自由自在地活動，並在水中順暢地移動，我們必須要自己穩定姿勢才行。

尤其為了快速游泳，要確實做到收腹動作（提高腹壓），穩定體幹部分。而穩定的體幹會做出阻力較小的正確姿勢，有效地讓手腳與體幹連動，發揮出強大的力量。

藉由收腹來穩定體幹

收腹（提高腹壓）是藉由腹式呼吸吸氣，讓下腹部充分膨脹。接著慢慢地吐氣讓腹部凹下。把氣完全吐完後，正是收腹的重點。等腰骨附近的肌肉變硬，維持這個狀態正常呼吸即可。

POINT 2

控制胸廓做出筆直的姿勢

維持收腹，上臂夾住頭部。胸廓的前側往下（胸廓左右打開），從胸口窩到肚臍下方要保持平坦。也要注意背部肌肉、臀部肌肉和肩胛骨周圍等處的肌肉群，確認背面的線條是否筆直。

POINT 3

在水中用力蹬牆，維持同樣的姿勢

以踮腳的形式讓腳尖碰牆，身體沉入水中後利用包括腳踝上方、膝蓋和髖關節在內的整個下半身用力蹬牆。上臂夾住頭部，視線朝著正下方，雙腿夾緊。此時的重點在於要注意收腹和背部的線條，維持筆直的姿勢前進。

訣竅02

利用浮力像在水面滑行般游泳

理解浮心與重心的關係，讓身體浮起

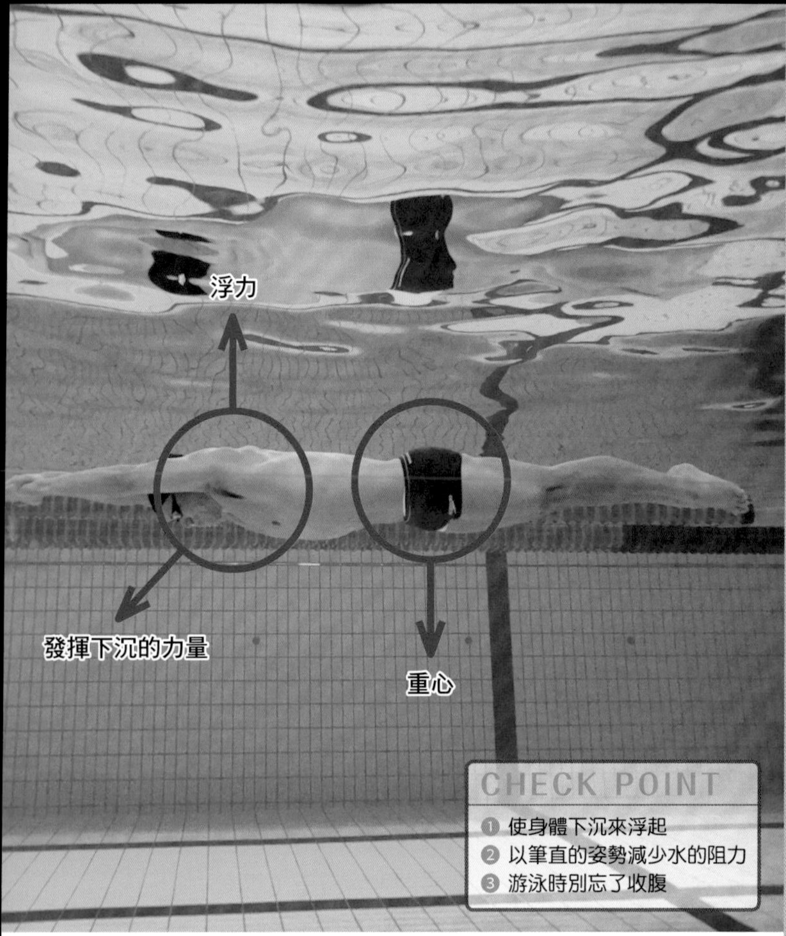

CHECK POINT

❶ 使身體下沉來浮起
❷ 以筆直的姿勢減少水的阻力
❸ 游泳時別忘了收腹

讓上半身下沉 使浮心與重心靠近

在水中做出流線形姿勢（筆直的姿勢）後，下半身無論如何都會往下沉。原因在於浮心與重心的位置關係。人類的重心位於肚臍下方附近，會有一個使身體下沉的力量在作用。而所謂的浮心是讓身體浮起之力量的中心，位於肺部附近（胸口窩附近）。

由於浮心與重心的位置分開，所以身體會產生一股旋轉般的力量，使下半身下沉。

因此，只要將注意力放在體幹上，用力讓上半身稍微下沉，使浮心與重心的位置靠近，下半身就會變得不容易下沉。如果想讓身體浮起，重要的是反過來想著讓身體下沉。

POINT 1 使身體下沉來浮起

使身體下沉可以獲得浮力。若手腳和頭部等露出水面的話浮力會變小，反而會沉下去，因此要特別注意。為了在水中浮起，要反過來想，使身體下沉才是最重要的一點。

POINT 2 以筆直的姿勢減少水的阻力

自由式、仰式、蛙式、蝶式的共通點是，如果能在水中保持筆直的姿勢，就可以大幅減少從前面承受的水的阻力。不斷反覆練習，直到能在水中做出筆直的姿勢吧！

POINT 3 游泳時別忘了收腹

身體向後仰或向前彎曲，不只水的阻力會增加，也會更容易下沉。藉由收腹讓腹部凹陷，指尖、肩膀、腰部到腳尖呈一直線做出筆直的姿勢，也是減少水的阻力，在水中浮起的重點。

+1 專家建議

加入蹬牆前進的練習

用腳蹬牆後，手腳不動，保持流線形姿勢前進，只要進行蹬牆前進的練習，就能檢查自己的姿勢。做出漂亮身體流線的標準是能藉由蹬牆前進到游泳池的正中間（12.5m）。把它加入每天的練習裡試試吧！

訣竅 03

注意換氣改變游法

在水中充分吐氣，在水上快速吸氣

先吐氣 才能好好地吸氣

游泳難受的原因之一，就是換氣。由於臉浸在水中的時間很長，這時會先出現難受的感覺，換氣時的注意力便很容易傾向「吸氣」這回事。

但是，換氣時唯有先徹底吐完氣之後，才有辦法吸氣。所以在進入換氣動作之前，要先徹底把氣吐出，然後在臉從水面抬起的瞬間吸氣。

由於在肺部儲存空氣也能使身體浮起，所以一定要保留閉氣的時間，在快要進行換氣動作之前（配合划水完成的時機）再用力地吐氣。換氣的動作愈快愈小，游泳時也會愈穩定，所以重點在於要讓臉一抬起來馬上就能吸氣。

POINT 1 換氣動作要盡可能又小又快

換氣時必須把臉從水面抬起來，這個動作會增加水的阻力，使身體容易下沉。換氣時重要的是動作要又小又快，盡量減少游泳的體力消耗。為此，迅速地在瞬間吸氣就成了重點所在。

POINT 2 吐氣的時機在換氣動作之前

自由式、蛙式、蝶式在藉由換氣動作從水面抬起臉之前，要一口氣把氣吐完。仰式雖然隨時都能吸氣，不過配合划水動作，有節奏地吸氣、吐氣，游泳時會比較穩定。

POINT 3 必須保留閉氣的時間

在水中持續吐氣不只會變得難受，肺部的空氣沒了，身體也會容易下沉。因此，在游泳時必須保留閉氣的時間，想讓身體浮起、游泳更穩定，這也是重要的一點。

+1 專家建議

試著鍛鍊呼吸肌肉

進行呼吸動作時，會使用稱為呼吸肌的肌肉。這種肌肉愈強壯，就愈能一口氣快速吸氣或吐氣。大口深呼吸，反覆用力地吸氣、吐氣，就能夠鍛鍊呼吸肌，試著在平常生活中留意這件事吧！

訣竅 04

理解能產生推進力的兩種力量

藉由阻力和升力獲得巨大的推進力

CHECK POINT

1. 手掌朝向正後方獲得阻力
2. 藉由撥水動作創造升力
3. 打水也要利用阻力和升力

阻力和升力這兩種力量合起來會變成巨大的推進力

游泳的七～八成推進力是藉由划水獲得（蛙式則是踢腿占較多），所以手臂和手掌能抓住多少水流就顯得相當重要。但是，手掌垂直朝正後方推水所產生的阻力愈大，水的阻力也會變大，所以無法獲得有效的推進力。划水要採取縱橫的動作，以立體的方式移動。

這時產生的正是升力。最具代表的是在水中以8字形移動手就能獲得推進力的撥水動作。但是，光靠升力只能產生較小的推進力。

為了有效率且有力地前進，要同時利用阻力和升力，做出能有效把水往後推的划水動作，這點非常重要。請各位先牢牢記住這個原理。

手掌朝向正後方獲得阻力

朝著與前進方向相反的方向，彷彿垂直地做出一面牆般移動手臂與手掌，就可以產生阻力。尤其抓水的時候手肘要立起，入水後從前臂到手掌要迅速地朝向正後方，如此一來就能有效獲得阻力。

POINT 2 藉由撥水動作創造升力

做出划水動作時手要縱橫立體地移動。這時產生的升力，也是重要的推進力之一。加上阻力時，能不能順利產生升力向前划動，和游泳時是否可以有效、輕鬆地前進息息相關。

打水也要利用阻力和升力

不只划水動作，打水也同樣要利用阻力和升力。前進時如果只注意阻力來使力，水的阻力就會增加而無法前進。膝蓋以下要如順著水流般柔軟地活動，如此就能產生前進的升力，跟阻力一起變成朝著行進方向的推進力，這點一定要先記住。

+1 專家建議

利用轉體來產生升力

只要加上轉體的動作，划水動作就會變得立體並產生升力。因此游泳時要切記，首先手掌要朝向正後方以獲得阻力，並且做出轉體動作。這樣游泳時就能同時利用阻力和升力。

專欄

即使上年紀也能刷新紀錄正是游泳的魅力

運動表現是由各種因素綜合而成，包括生理因素、動作力學因素、狀態因素、心理因素、環境因素等，然後以時間、分數或名次來表示。

在「水中」彼此競爭的游泳比賽是種有些特殊的競賽，因為影響表現的主要因素為「流體力學」。然而，正因為是如此特殊的環境，游泳比賽可說是即使不仰賴體力與心理要素的提升，也能一直刷新自身紀錄的競賽。

換言之，游泳這種運動無論年紀多大，有些部分也能靠技術彌補，無論到何時都可以持續成長。

「和水交朋友」、提高自己的技術，慢慢花時間讓自己游得更快更美吧！這正是游泳的魅力之一。

PART 2

自由式

訣竅 05

何謂自由式？

學會能游得又快又漂亮的自由式

從轉體動作中產生有力的划水和打水動作

自由式游得又快又美的訣竅有四個。第一個是打水。游自由式時划水占了推進力的八成，所以打水時主要想的是讓下半身浮起，盡量減少水的阻力。

第二個是划水時要延長手掌朝向正後方的時間。第三個是為了不打亂游泳的節奏，換氣動作要又快又小。

最後的第四個訣竅，是一定要左右傾斜身體做出轉體動作。

藉由轉體，不只划水時可以更有效率地抓住水流，體幹部分的力量也能傳到手腳的末端，讓游泳時可以變得更加強而有力。

POINT 1

藉由收腹讓姿勢筆直

放鬆體幹部分的話，不只身體會向後仰變得容易下沉，阻力也會增加，使力量無法傳到手腳。藉由基本的收腹動作讓腹部凹陷、確實繃緊體幹部分，用這個狀態維持姿勢筆直，比什麼都要重要。

POINT 2

藉由抓水迅速地讓手掌朝向正後方

為了讓手掌迅速地朝向正後方，必須藉由抓水讓手肘立起。不過也不能只彎曲手腕移動手掌。入水後，注意上臂的位置不能往下掉，想像指尖到前臂像一片木板般，進行抓水動作就可以了。

POINT 3

利用轉體動作

配合划水動作讓身體左右傾斜進行轉體動作，就能讓體幹部分的力量傳到手臂或腿的末端。此外，轉體動作也能減輕對肩膀的負擔，所以一定要配合划水進行轉體。

+1 專家建議

將體重放在前面

和做出流線形姿勢時相同，自由式也要有意識地讓上半身稍微下沉，只要想像將體重放在前面，游泳的姿勢就會比較穩定。不過要注意，這個意識不能太強烈，以免讓手往斜下方伸出或是頭部太過深入水中。

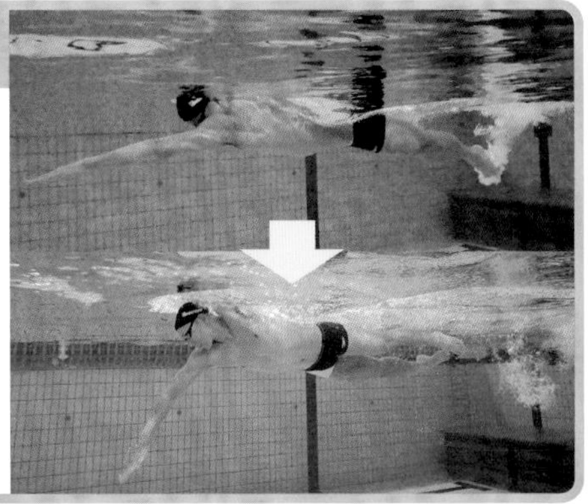

訣竅 06

自由式的打水

打水時擺動幅度要小

CHECK POINT
1 抱持著不要打水的想法
2 做出幅度小又細微的打水
3 大腿不要用力

想要有效率地游泳就得注意三「不」

打水時最重要的，就是動作不要太大，踢腿的幅度要小一點。就算使勁地打水，也不會產生巨大的推進力。

尤其在游自由式時，打水只能產生整體兩成左右的推進力，為了讓游泳時更穩定，打水要用來取得平衡、讓身體浮起。

因此，為了避免阻礙划水動作，打水時的重點在於踢腿的幅度要小一點，並且要放鬆。

先抱持著「不要打水」這樣的心情吧。不要打水、動作不要太大、不要用力，這三個「不」就是自由式打水的重點。

抱持著不要打水的想法

划水會產生較多的推進力，所謂不妨礙划水的打水，就是指擺動幅度較小、不造成阻力的打水。因此，雖然實際上會擺動腿打水，腦中卻要想著「不要打水」，以這樣的感覺來游泳。這麼一來擺動幅度就會變小，也會更有效率。

做出幅度小又細微的打水

腦中想著「要打水前進」，就很容易會變成膝蓋彎曲的大幅度踢腿。這麼一來不只阻力會變得比推進力還大，也會導致下半身下沉。從膝蓋到腳尖要放鬆，注意膝蓋不要過度彎曲，打水動作要幅度小又細微。

大腿不要用力

大腿聚集了非常大塊的肌肉，所以用力打水很快就會消耗掉體力。一直想著彎曲伸直膝蓋，大腿就會容易用力，所以不要用力、保持放鬆的狀態，只要想像從髖關節帶動整隻腳就行了。

繃緊體幹打水也會更穩定

在打水時如果放鬆體幹部分的力氣，往下踢或往上踢時身體就會彎曲或向後仰。確實做好收腹動作繃緊腹部，讓體幹穩定，就能做出擺動幅度較小、有效率的打水動作。

訣竅 07

自由式的划水動作

注意手掌朝向的方向

CHECK POINT

1. 手掌迅速地朝向後方
2. 上臂內旋手肘立起
3. 推水時也要利用體幹的力量

抓水時手肘立起 就能有效地抓住水流

划水最重要的一點，就是手掌入水後要迅速地朝向正後方，並盡可能維持這個狀態到最後。

最後的推水，只要從抓水動作後慢慢夾緊腋下，就能同時利用體幹的力量用力地把水推出去。抓水時應該注意的一點是，並非只是彎曲手腕將手掌朝向正後方而已。

想像從手肘到指尖像一片木板，就能用整隻手臂抓住水流。注意上臂的位置不要往下，將上臂內旋、手肘彎曲，就能做出漂亮的抓水動作。接著上臂外旋腋下夾緊，銜接到最後的推水，就是自由式划水最大的重點。

手掌迅速地朝向後方

手掌以朝向游泳池底部的狀態做出抓水動作後，因為撥水的力量朝向正上方，所以不會變成推進力。入水後要盡快將手掌朝向後方，如此一來就能有效率地抓住水流，做出能獲得推進力的划水動作。

POINT 2

上臂內旋 手肘立起

在做抓水動作時，只要手肘立起就能抓住許多水流，產生較高的推進力。這時，上臂要稍微內旋（往內側扭轉），把前臂到指尖當作一片木板，如此一來就能抓住水流。

POINT 3

推水時也要利用體幹的力量

抓水後配合轉體的動作，慢慢夾緊腋下划水的話，不只手臂的力量，也能利用體幹的力量做出把水往後推的推水動作，更強而有力地把水推出去。

訣竅 08

自由式的換氣法

換氣時頭部盡可能保持壓低

CHECK POINT

❶ 換氣時頭不要抬起來
❷ 朝向正側面吸氣
❸ 在推水時換氣

頭抬起來身體就會往下沉

在做換氣動作時，很多人都會擔心「會不會被水嗆到」。由於這個意識太過強烈，所以可以看到不少人會把頭從水面大幅抬起。

然而，頭從水面抬得愈高，身體就愈容易下沉，反而更難換氣。盡可能把頭壓低，維持沉在水裡的狀態進行換氣動作，才能保持穩定、讓身體浮起，也才會游得更順暢。

不是抬起頭，反而要想像讓頭頂沉入水中，試著配合轉體的動作抬起下巴，朝向側面換氣吧！這樣身體就不會下沉，嘴巴也會確實離開水面，可以順利地換氣。

POINT 1 換氣時頭不要抬起來

若將人的身體中最重的頭從水面抬起，不只身體會容易下沉，也會大幅消耗體力。本來換氣動作就是為了保有體力，若反而消耗掉體力的話就本末倒置了。不要抬起頭，反而要想著把頭沉下去。

POINT 2 朝向正側面吸氣

為了吸氣把嘴巴抬出水面時，並不是把頭抬起來，而是要把臉朝向正側面想著抬起下巴，這才是最有效率的。只要朝向右邊換氣時，左側的蛙鏡會繼續沉在水中，這樣就可以了。

POINT 3 在推水時換氣

在加上轉體做推水的時候，進行換氣動作。夾緊腋下一邊做推水動作一邊吐氣，當手臂從水裡抽出的同時，將臉轉向側面，這麼一來就會跟轉體與划水的時機一致，能夠順利地換氣。

+1 專家建議

換氣動作的重點是減少多餘的動作

盡量讓換氣動作的時間縮短，就是游得更快的重點。因此，吸氣、吐氣都要在一瞬間完成，轉動頭的時間也要盡可能縮短，這在想要提升游泳速度時特別有效。

訣竅
09

自由式的轉體動作

轉體能做出漂亮的划水動作

一個轉體動作 就能讓游泳輕鬆有力

在游自由式的時候會同時加入轉體動作，這是讓身體往左右傾斜的動作。

例如，用右手划水時，身體右側會沉入水中。接著，配合划水的動作身體也會開始慢慢往另一側傾斜，最後在做推水時旋轉身體，就會變成相反的左側沉入水中。

這個轉體動作可以將體幹部分的力量傳到手臂，所以能強而有力地撥水。

另外，由於身體會傾斜，所以也能輕鬆地換氣，更能減輕擺臂動作中對於肩關節的負擔。換句話說，想要游得更快，轉體動作是不可缺少的技巧。

POINT 1 用力地做出抓水動作

只要配合抓水的時機進行轉體動作，就能大幅、用力地抓住水流。接著，在抓水到推水的過程中，只要配合左右切換轉體時的力量，就能用力地把抓到的水帶到後方。

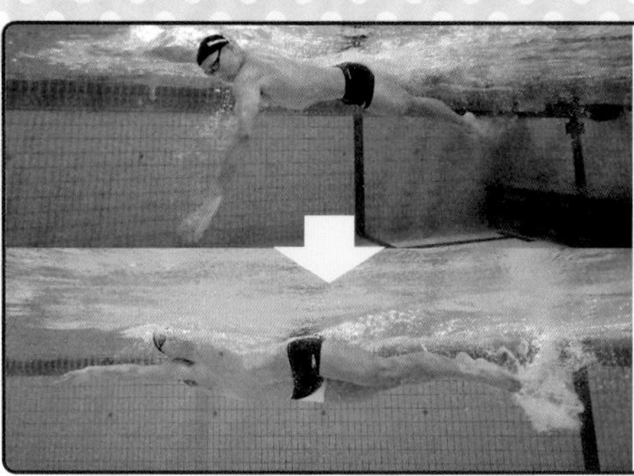

POINT 2 推水時可利用體幹的力量

只要配合轉體做出推水動作，體幹的力量就可以傳達到手臂，把水往正後方推出，獲得巨大的推進力。如果這個時機一致，體重也會更容易放到前面，整個游泳過程會變得更順暢，划水效率也會變好。

POINT 3 擺臂動作變得更輕鬆

由於擺臂動作不會產生推進力，所以進行擺臂動作時，盡量不要對身體造成負擔。藉由轉體動作，擺臂時手肘就不會比背部更後面，這麼一來可以減輕對肩膀的負擔，也能游得更順暢。

+1 專家建議

注意身體的中心軸

雖然轉體能做出有效率的划水動作，但左右切換時要是連身體的中心軸都左右偏移的話，就沒有效果了。注意中心軸要保持筆直不動，練習到能往左右旋轉吧！

訣竅
10

訓練打水動作

自由式的練習項目①

練出穩定的聯合動作

自由式中打水的推進力約占兩成，不過將動作都結合在一起後，便能發揮更大的作用。也就是下半身不再下沉，以及能讓身體穩定這兩點。

只要學會細微且較小的打水動作，就能獲得較高的浮力，所以能在上半身穩定的狀態下划水。此外，容易因為轉體動作而左右偏移的上半身，也能藉由打水動作取得平衡，所以也有讓游泳更穩定的效果。

因此，雖說打水不會產生巨大的推進力，但打水的練習在聯合動作時會非常有用。訓練時留意不要用力，做出細微的打水吧！

立正打水

這個練習是為了學會一邊繃緊體幹，一邊做出較小的打水動作，所以沒有前進也沒關係。與其快速地前進，應該藉由收腹繃緊體幹，一邊注意頭的位置和身體不要左右偏移，一邊做出細小的打水動作。

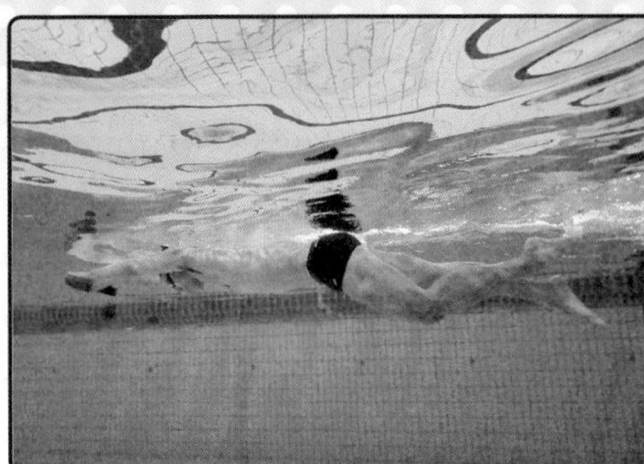

浮板流線形踢腿

抓著比打水浮板浮力更小的夾腿浮板進行練習。使夾腿浮板稍微下沉，背部打直，就能做出漂亮的流線形姿勢。這個練習的重點同樣是比起速度，更應該注意姿勢與打水的擺動幅度。

盤手打水

這個練習的強度略高。在頭的前方盤起手，用力打水別讓上半身下沉。只要打水的幅度太大身體就會下沉，所以重點是要細微且快速地打水。只要更加注意收腹，這個練習也能夠強化體幹。

比起用力地打水 更應追求交互踢腿的速度

聯合動作中注重的並非強力的打水動作，而是細微快速的打水。在這次介紹的練習中要求的並非強而有力的打水，應該留意打水的擺動幅度要小，同時讓姿勢穩定快速地打水，針對這點努力練習吧。

訣竅 11

自由式的練習項目②

掌握有效率的划水動作

將重點集中在一點練習划水動作

讓我們藉由練習，學會用抓水動作確實抓住水流後，把水推向正後方的划水動作吧！

雖然用聯合動作留意抓水與推水的動作也行，不過進行訓練時把重點集中在一點，會比較容易學會。

因此，一開始先只用一隻手進行練習，再慢慢地銜接成聯合動作吧！划水的重點是抓水時手肘要確實立起，手掌維持朝向後方，藉由推水把水推到底，這點非常重要。

慢慢熟練後就配合手的動作，試著去注意身體左右切換的轉體動作吧。

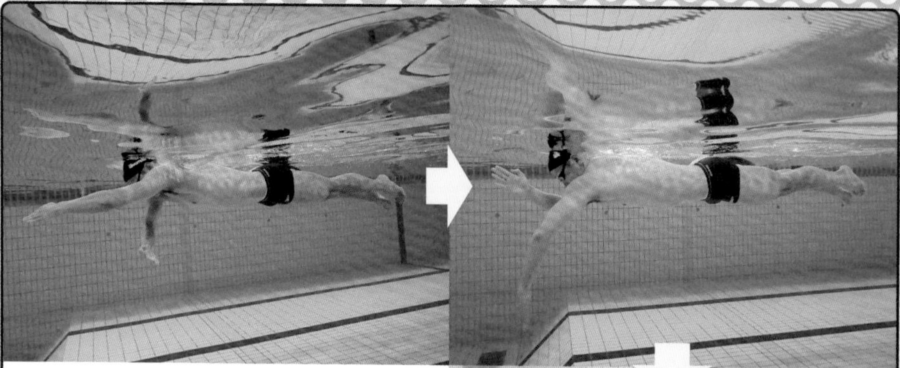

POINT 1 抓水撥水

這個練習的重點在於抓水的部分。在立起手肘抓水之前，要以撥水的要領練習如何有效地抓住水流。慢慢來也沒關係，練習時手肘一定要立起，想著用整個前臂到手掌來抓住水流。

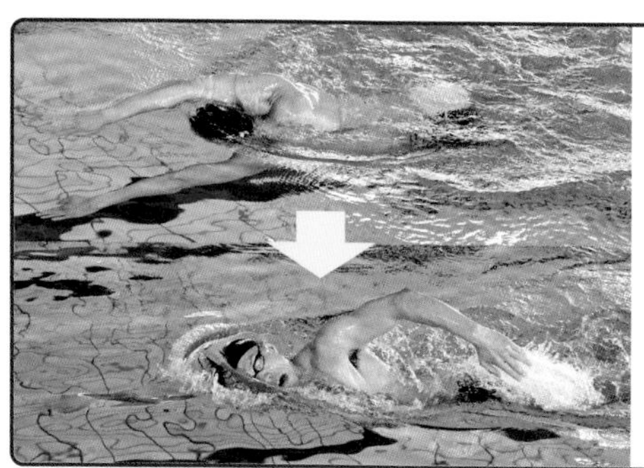

POINT 2 單手練習①（單臂固定在前）

為了讓身體比較容易穩定，一隻手保持向前伸直，用另一隻手進行划水動作。換氣動作要在做出划水的那一側進行。練習時的重點在於抓水時一定要立起手肘，想著盡量大量抓住遠處的水流。

POINT 3 單手練習②（單臂固定在體側）

一隻手貼在體側，用另一隻手進行划水動作的練習。在手貼住體側的那一側進行換氣動作。轉身的切換要配合入水和推水，重點是抓準時機進行。練習時須注意身體不要左右偏移。

訣竅 12

自由式的練習項目③

把動作結合在一起，調整游泳方式

CHECK POINT

1. 側踢打水六次換邊
2. 划水衝刺
3. 蝶式踢腿自由式

打水與划水相乘銜接成聯合動作

個別練習過打水、划水之後，接著讓我們將兩個動作合在一起，進行調整游泳方式的練習。將透過個別練習學會的技巧組合在一起，活用於聯合動作中才是我們最大的目的。

用抓水動作抓住水流、轉體方向的左右切換、不會阻礙划水獲得推進力的打水，這些技術都要能夠在聯合動作時使用。

最重要的是和進行划水練習時相同，要把注意的重點集中在一點，一開始是這個，接著是這個。就算是聯合動作，如果同時注意兩、三個地方，就會全都做得不夠徹底，所以這部分要特別注意。

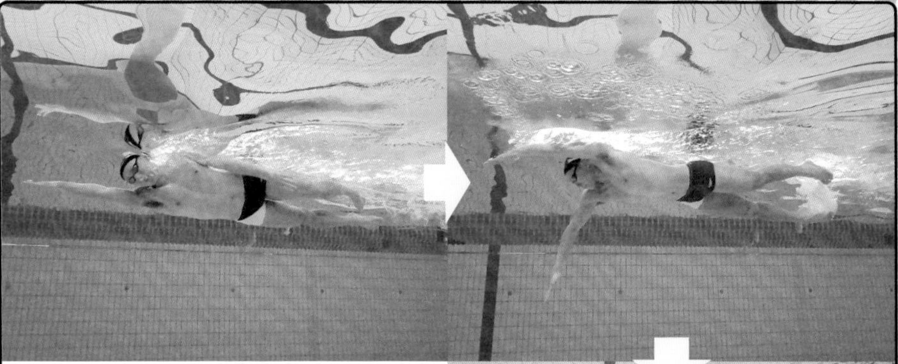

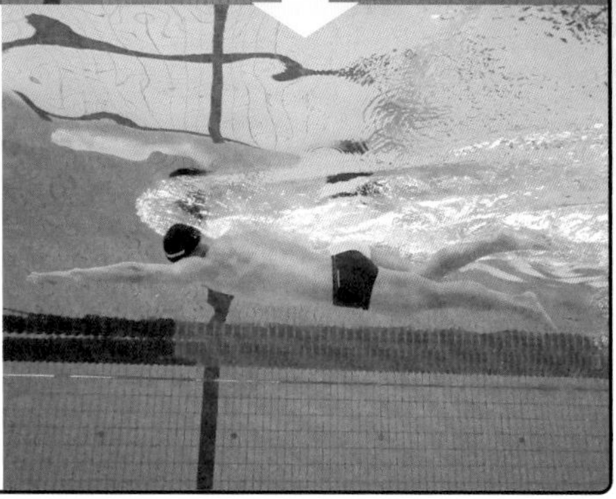

POINT 1

側踢打水
六次換邊

這個練習要避免身體偏移，記住划水與轉體的時機。右手向前伸，左手緊貼體側，朝向側面側踢打水。側踢打水六次後，右手從抓水到推水，左手進行擺臂動作然後左右換邊。

POINT 2

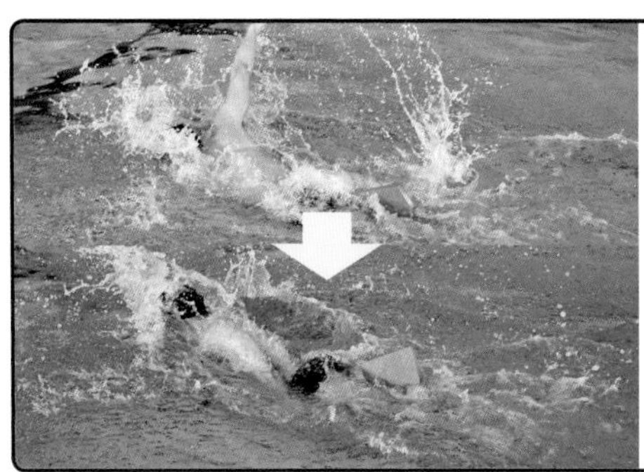

划水衝刺

腳不打水，盡量快速划動手臂的練習。比起抓住水流，更要注意將重心向前移動，抱著將手臂拚命甩向前方的想法來進行練習吧！這個練習會給予肌肉強烈的刺激，所以在比賽前進行這個練習也很有效。

POINT 3

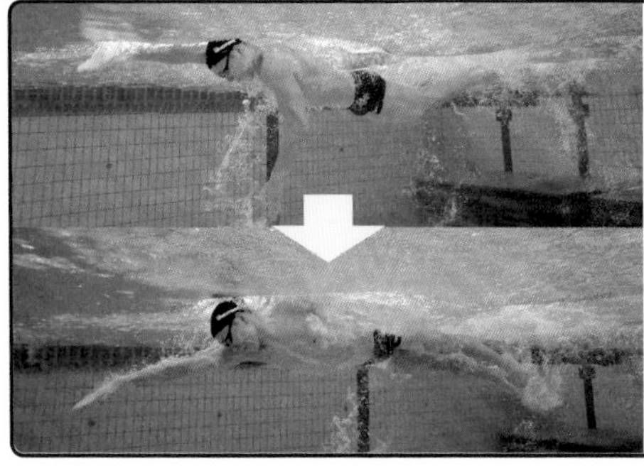

蝶式踢腿
自由式

配合手臂咚、咚入水的時機，有節奏地做蝶式踢腿（海豚式踢腿）的練習。比起自由式踢腿的時候，這種方式更容易理解在入水同時將重心向前移動的感覺，所以這個練習法最適合用來記住自由式的重心移動。

專欄

自由式的打水動作重點在於「持續打水」

自由式的推進力比例，雖說打水只占兩成，划水占八成，不過在游泳比賽時打水也是非常重要的。因為在聯合動作中，打水的重點並非為了向前進，而是為了讓身體穩定。

有節奏地打水能讓身體穩定，此外也能調整划水的節奏。尤其在比賽後半開始疲憊時，若打水的節奏亂掉，划水的節奏也會跟著亂掉，因為身體不穩定，手臂也會變得很難使力，導致沒辦法用力地撥水。

打水不必用力地「打」水，以輕快、細微的踢腿動作保持一定的節奏「持續打水」，以結果來說就能支撐自由式中划水的推進力。

PART 3

仰式

訣竅13

做出正確的姿勢游仰式

何謂仰式？

CHECK POINT

❶做出躺在床上般的姿勢
❷後腦杓確實沉入水中
❸利用左右的轉體動作

正確的姿勢才能創造出能流暢游泳的仰式

唯一以仰臥的姿勢游泳的仰式，要游得漂亮且快速，重點就是身體不要向後仰。

在水中面朝上時，背部很容易會向後仰。只要想像自己躺在床上，就能採取適合仰式游泳的姿勢。

很多人很容易搞錯，以為仰式要把頭抬起來。但其實游仰式時只有臉會露出水面，只要後腦杓確實沉入水中，下半身也會容易浮起，更容易採取正確的姿勢。另外，和自由式相同，轉體動作對於仰式來說也是非常重要的因素。尤其如果能在抓水時確實做好轉體動作，就能順暢地抓住水流。

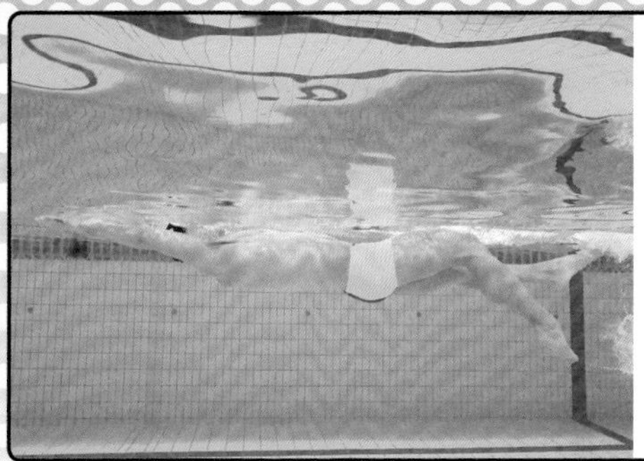

POINT 1 做出躺在床上般的姿勢

仰式和自由式相同，只要藉由收腹繃緊體幹，背部就不容易向後仰，能做出良好的姿勢。下巴不要收太多或抬太高，只要想像躺臥在床上般，就能以自然的姿勢游出漂亮的仰式，也能做出效率更好的游泳姿勢。

POINT 2 後腦杓確實沉入水中

許多人游仰式時害怕水蓋過臉，會拚命把頭抬起來。然而，以仰臥的姿勢把頭抬起來，身體（尤其下半身）就會不斷往下沉。為了讓姿勢穩定，游仰式時只有臉會露出水面，要讓後腦杓確實沉入水中。

POINT 3 利用左右的轉體動作

游仰式時若不利用轉體動作，就會變成在背後抓水，不只抓水動作的效率會變差，對肩膀的負擔也會更大。要以能配合入水與推水的時機一邊左右切換轉體方向，一邊順暢地游仰式為目標。

+1 專家建議

視線集中於一點 做出穩定的姿勢

游仰式時直直地看著正上方，姿勢就會穩定。在陸地上挺直站立，看著正面時的狀態，就是能游出漂亮仰式的姿勢。如果視線朝下或是朝上看，下巴的位置就會改變，做不出挺直的姿勢，這點須特別注意。

訣竅 14

仰式的打水

藉由小動作的打水，有效率地抓住水流

CHECK POINT

① 從髖關節帶動整隻腳
② 膝蓋不要露出水面
③ 腳踝放鬆

利用整隻腳 以高效率的打水為目標

游仰式想游得快，會比自由式更需要打水的力量。但是，彎曲膝蓋大幅移動雙腿的話，就會導致下半身下沉，所以和自由式一樣，仰式的重點在於要細微且幅度較小地打水。

打水的訣竅是放鬆腳踝，從髖關節帶動整隻腳。膝蓋不要彎曲，利用髖關節往下踢，接著膝蓋以下保持放鬆的狀態，再從髖關節往上踢。

往上踢時，膝蓋和腳尖如果露出水面效率就會變差，所以要想像水從腳尖隆起的感覺，想著用整隻腳往上踢。另外，往下踢時身體很容易會向後仰，所以要繃緊體幹讓姿勢穩定。

POINT 1

從髖關節帶動整隻腳

如果利用膝蓋打水，往下踢時不只阻力會很大，下半身也容易往下沉。仰式打水時，只要想著從髖關節帶動整隻腳，就能有效率地把水推向後方。

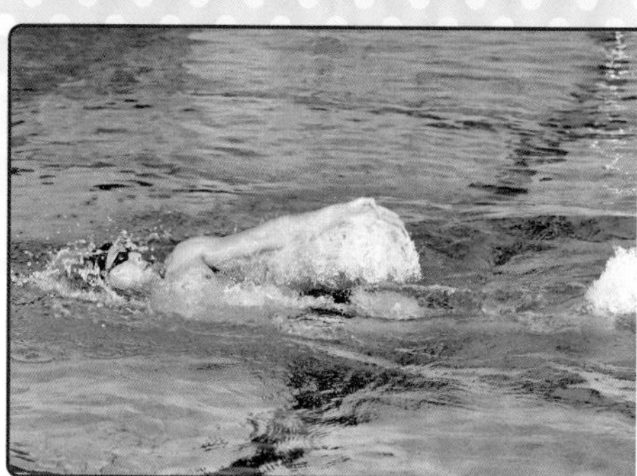

POINT 2

膝蓋不要露出水面

往上踢時如果膝蓋露出水面的話，就無法把水往後推，會變成只會濺起水花、效率很差的打水。不要把注意力放在膝蓋以下，只要想著從髖關節帶動腳往上踢，膝蓋就不容易露出水面。

POINT 3

腳踝放鬆

如果腳踝用力，打水時便無法用腳尖抓住水流，最後便會變成無法前進、容易下沉的游泳方式。膝蓋以下要盡可能放鬆，這就是仰式打水能有效率地抓住水流、獲得推進力的一大重點。

+1 專家建議

仰式的打水體幹很重要

正如前面說明過的，仰臥姿勢時身體很容易會向後仰。尤其打水時往下踢，從髖關節帶動整隻腿時，如果體幹部分無力，身體就很容易向後仰。游泳時要經常注意收腹，讓體幹保持穩定！

訣竅 15

像自由式那樣抓水

仰式的划水&轉體

為了立起手肘抓水要從小指側入水

藉由抓水動作確實捕捉水流，在划水前進時非常重要。雖然我們是以面朝上的姿勢游仰式，不過抓水時和自由式一樣都要立起手肘，讓前臂到指尖像一片木板一樣抓住水流。

這時，進行抓水的那側只要藉由轉體動作先傾斜身體，便會更容易使力，抓水時就能更有效率地捕捉水流。

另外，為了更流暢地轉換到抓水動作，必須從小指側入水。如果手背或手掌朝向水面入水，抓水的動作就會慢一拍。光是注意這點，游泳的效率就會變好，划水動作也會變得更順暢，所以一定要先記住。

POINT 1

像自由式那樣立起手肘抓水

入水後，用肩膀、手肘和指尖做出三角形，就能有效率地抓住水流。仰式的抓水很容易變成彎曲手腕拉手肘的動作，所以要注意前臂到手掌要像一片木板一樣。

POINT 2

從小指側入水

若想流暢地做出入水到抓水的動作，就得留意從小指側入水。手掌朝向外側，手肘便容易伸直，更容易在手臂伸直的狀態下入水，所以抓水時能抓住更遠的水流。

POINT 3

巧妙利用轉體動作

仰式的抓水動作若不藉由轉體動作讓身體傾斜，不只會對肩膀造成負擔，也會難以使力、無法抓住水流。配合入水和另一隻手的推水動作扭轉身體，就是有效率地划水的重點。

+1 專家建議

抓水動作不要急慢慢地完成

自由式有時會用到滑行，滑行就是入水後手臂從胸廓向前伸的動作。仰式也一樣，入水後要將手臂一口氣從胸廓向前伸，然後再轉移到抓水動作。像這樣慢慢抓水，游泳的節奏也比較不容易亂掉。

訣竅16

配合推水換氣

仰式的換氣法

CHECK POINT

❶ 在推水的時候吐氣
❷ 決定在左右其中一邊換氣
❸ 換氣動作中下巴別抬太高

在吸氣的時候做出游泳的節奏

就算仰臥時臉都是露出水面的，也並非隨時換氣都可以。配合划水的動作有韻律地換氣，這樣游泳的節奏才不會亂掉。

此時的重點是，要在推完水抬起手的時間點吸氣。也就是配合推水動作吐氣，在轉移到擺臂動作時吸氣。

換氣的時機固定在左右其中一邊進行，比較容易調整游泳的節奏。

如果在右手推水時換氣，在左手推水時就要先憋住氣。不過，以緩慢的速度游泳時，也可以配合左右兩邊的推水換氣。

POINT 1 在推水的時候吐氣

仰式的換氣要配合把水往後推的推水動作。從抓水動作開始，一邊夾緊腋下一邊划水，進入最後的推水動作時開始吐氣，從推水轉移到擺臂動作時吸氣，就能以良好的節奏換氣。

POINT 2 決定在左右其中一邊換氣

提高游泳的速度、划水的節奏變快時，如果每次在兩手推水時都換氣，吸氣的時機會太快，反而會更加疲勞。換氣的時機要在自己容易進行的那一邊，決定好左右其中一邊再進行吧！

POINT 3 換氣動作中下巴別抬太高

有許多人在吸氣時下巴都會抬高，不過只要確實做好推水動作，把水推出後身體就會自然浮起，所以不用擔心水會蓋過臉部。抬起下巴身體就會下沉，反而會變得很難換氣，要特別注意。

+1 專家建議

藉由閉氣讓身體穩定

配合左右其中一邊做換氣動作，就和自由式一樣，是要藉由保留閉氣的時間來維持浮力，具有讓身體穩定的作用。臉朝上時，比起臉朝下的狀態更容易下沉，因此為了穩定地游泳，保留閉氣的時間相當重要。

訣竅
17

仰式的練習項目①

學會有效率的打水

讓姿勢保持穩定
同時以一定的節奏打水

仰式的打水要一邊擺出姿勢一邊練習。由於仰臥的姿勢容易下沉，必須練習藉由收腹繃緊體幹，在這個狀態下進行打水。

因此，首先要記住以筆直的身體流線維持良好的姿勢，膝蓋不彎曲，從髖關節帶動雙腿的動作。

立正打水的姿勢，比起流線形的姿勢下半身更容易下沉，所以練習時要注意利用體幹讓身體穩定。此外，只要在立正打水時加上轉體的動作，就會更接近聯合動作。請注意即使身體往左右傾斜，也要避免雙腳往左右分開，或是失去平衡。

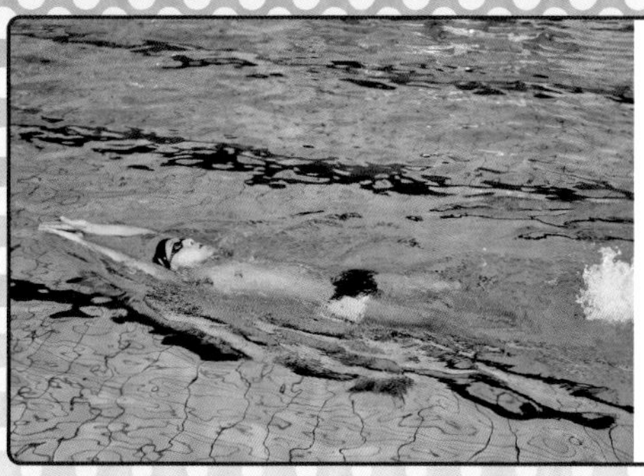

POINT 1 流線形打水

以流線形的姿勢，在繃緊體幹的穩定狀態下打水。注意膝蓋不要露出水面，要從髖關節帶動整隻腳。往下踢時只要把注意力放在臀部的肌肉上，身體及打水的節奏就會比較穩定。

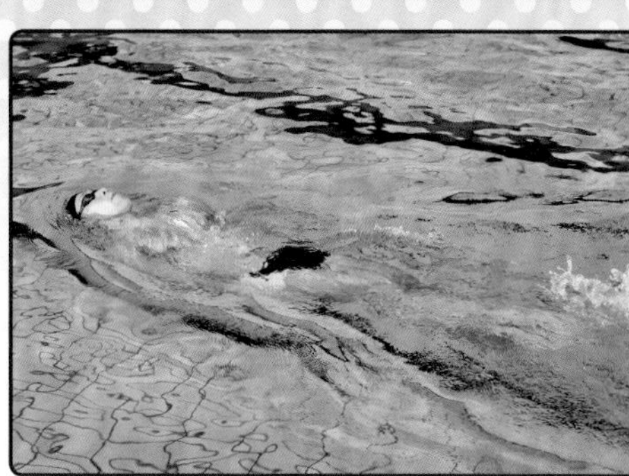

POINT 2 立正打水

兩手貼在體側，以立正的姿勢打水。由於手沒有交疊於頭上，所以水阻會變大。即使在這個狀態下，也要避免打水的擺動幅度太大，要以一定的節奏打出細小的水花。

POINT 3 立正轉體打水

這個訓練是在立正打水中加上轉體的動作。進行時要注意身體的軸心，一邊扭轉肩膀和骨盆，一邊以一定的節奏持續打水。重點是要留意身體不要往左右擺動。

+1 專家建議

腿張得太開 會產生巨大的阻力

在進行轉體動作時，為了避免身體的軸心往左右擺動，腿往往會張得太開。動作變得愈大，水阻也會愈大，所以在做轉體時也要留意踢腿的擺動幅度要小。

訣竅 18

仰式的練習項目②

養成把水推到底的感覺

CHECK POINT

❶ 基本仰泳（Elementary Backstroke）
❷ 雙仰式
❸ 單手練習（單臂固定於體側）

練習時比起速度更應重視正確與否

要掌握抓住水流確實往後推出的感覺，比起單手，用雙手進行會更容易。

首先把注意力放在划水的推水上，利用基本仰泳，從夾緊腋下的狀態，藉由手肘的屈伸，養成用手掌把水推出去的感覺。用蛙式的蹬腿配合推水，會更容易記住前進的感覺。

接著藉由雙仰式，磨練抓住許多水流的感覺。再來將基本仰泳練習過的推水動作接上擺臂動作，慢慢培養提出水面的動作。在單手練習中，要以接近聯合動作的感覺確認抓水到推水的整個動作。進行這些練習時比起速度，更應重視正確與否。

POINT 1 基本仰泳（Elementary Backstroke）

從夾緊腋下的狀態，重複進行推水動作的練習。要配合蛙式的蹬腿進行。朝手肘伸展的方向加快動作，藉由推水磨練輕快前進的感覺吧！若能充分地向前進，就再加上從拇指側把手快速提出水面的動作試試。

POINT 2 雙仰式

用雙臂游仰式的練習。手臂入水後，將上臂向內旋進行抓水動作。接著夾緊腋下，藉由推水動作一口氣推向後方，動作不要停，快速地從拇指側將手提出水面，銜接擺臂動作。注意擺臂動作不要用力。

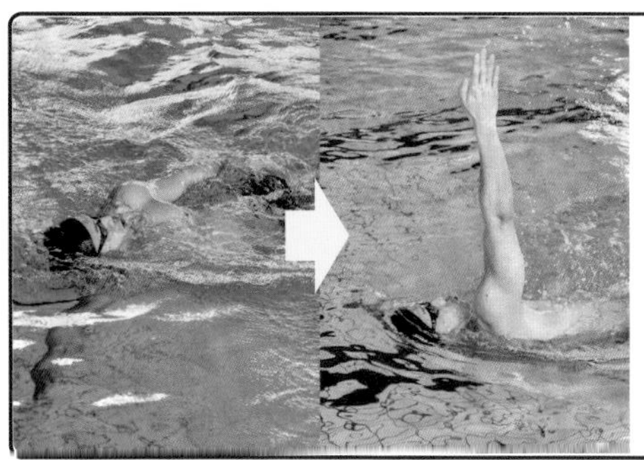

POINT 3 單手練習（單臂固定於體側）

在單手緊貼體側的狀態，用另一隻手進行划水的練習。在入水的同時轉動身體抓水，再配合身體切換到另一側的轉體動作進行推水動作。一邊確認一連串的動作一邊練習吧。

訣竅 19

仰式的練習項目③

把動作結合在一起

1. L字形游泳
2. 逆向擺臂
3. 高速划水練習

完成在聯合動作也能使用的技巧

分別確認每個動作，記住感覺之後，即使在一連串的聯合動作中多加入一個動作，也能做出所有的聯合動作。

L字形游泳練習，對於想記住將重心放在前方的感覺相當有用。很多人游仰式時，在入水後就會立刻開始撥水。但是和自由式一樣，仰式在入水後，要先將手臂從胸廓向前伸，停一段時間，如此一來才能將重心放在前方，順暢地游泳。進行逆向擺臂的練習時，無論何時都要藉由打水讓姿勢穩定，並學會不用力的擺臂動作。另外，高速划水練習會對肌肉與神經造成刺激，可以讓身體的動作變得更靈活，因此比賽前做這個練習也很有效。

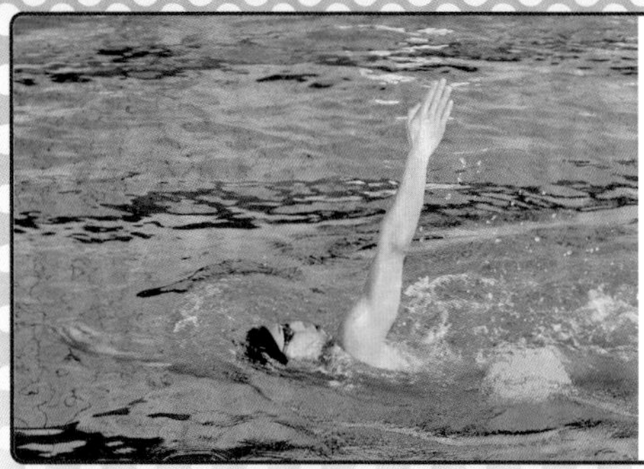

POINT 1 L字形游泳

一隻手臂向前伸，另一隻做擺臂動作的手臂垂直立起時暫時停住。這個練習不只要讓身體在手舉起的狀態下不會往下沉，也可以培養另一隻手在承受體重的同時進行抓水的感覺，是一舉兩得的練習。

POINT 2 逆向擺臂

從一隻手臂向前伸，另一隻手臂緊貼在體側的狀態開始，只進行擺臂動作的練習。練習的時候要藉由振幅較小的打水動作穩定身體，學會不用力且有節奏的擺臂動作吧！

POINT 3 高速划水練習

抬起頭部，提升划水轉動速度的練習。這個練習並非要用力轉動手臂，而是要讓身體記住，手臂放鬆反而更容易加快節奏。由於這個練習也會刺激肌肉與神經，因此當成比賽前的練習也很有效。

確認好目的再進行練習

進行練習時，重點在於先理解是為了什麼進行練習。例如，與其在高速划水練習時培養抓住水流的感覺，提高划水的轉動次數、對神經造成刺激才是練習的重點。請先確認好內容，不要搞錯了練習的目的。

專欄

想像力能讓仰式進步

雖然任何游泳項目都說得通，不過尤其是仰式，一定要確實地想像姿勢。人類比較容易想像在身體前面進行的動作，讓手腳按照想法活動。不過由於眼睛看不到背面的動作，因此必須練習在腦中想像動作，並讓身體按照自己的想像活動。

仰式雖然也是藉由轉體在身體的前面進行划水動作，但沒辦法親眼確認。因此，比起其他的游泳方式，自己的身體要怎麼動、手臂是如何移動的、要在哪裡抓住水流等，所有的動作都要在腦中先想像好，這點非常重要。

為此當然需要水中的訓練與練習，但除此之外也得藉由在陸地上進行模擬游泳，先確認好自己的身體、手腳是怎麼活動的，這也是讓仰式進步的重點。

PART 4

蛙式

訣竅 20

何謂蛙式？

蛙式要做出「伸展」來前進

CHECK POINT

1. 保留「伸展」的時間向前進
2. 手腳分開動作
3. 划水動作結束在肩膀前面

一邊減少阻力一邊有效率地獲得推進力

蛙式比起其他的游泳項目，要承受更多水的阻力。因此，我們不只要獲得推進力，也要以減少阻力的姿勢為目標。

尤其是藉由踢腿把水往後送出之後，如果馬上開始撥水的話，就會白白浪費掉打水的推進力。踢完腿之後採取流線形姿勢的瞬間，這段「伸展」的時間就是蛙式前進的重點。

為了一面減少阻力一面有效地獲得推進力，手腳分別活動也很重要。

藉由划水動作獲得推進力時要避免腳造成阻礙，反之，藉由打水動作獲得推進力時，也要避免手造成阻礙。

POINT 1 保留「伸展」的時間向前進

踢腿動作結束後，擺出阻力較少的流線形姿勢，正是蛙式能向前的重點。要留意藉由收腹動作綳緊體幹、用手臂夾住頭部、雙腳確實併攏，維持筆直的姿勢，避免腰部往下掉。

POINT 2 手腳分開動作

在用手獲得推進力時，腳不要動才能減少阻力。反之在藉由蹬腿獲得推進力時，划水結束後手要直直地向前伸，做出阻力較少的姿勢，這點相當重要。只要像這樣手腳分開動作，就能有效獲得推進力。

POINT 3 划水動作結束在肩膀前面

游蛙式時，如果划水動作大幅向後拉，增加的阻力會比推進力還要多，使游泳的效率變差。注意划水動作要在自己的肩線前面進行，這麼一來游泳時就能獲得推進力。

+1 專家建議

前進時動作大一點 產生阻力時動作小一點

蛙式想要游得順暢、游得更快，重點就在於減少阻力。在要獲得推進力的情況下，手腳要大幅度地活動；反之在會產生阻力的情況下，要留意動作盡可能小一點。游泳時加上大小適度的動作，可說是蛙式最大的重點。

訣竅 21

蛙式的打水

把水往後送的蹬腿動作

蹬腿並非打出水花 而是把水往後送

將腳移到臀部，利用整隻腳把水往後送出，就是蛙式的打水。游蛙式時要注意的是，收腿時要盡量減少阻力，踢出腳時要抱持著把水往後送出的意識。

在收腿的動作中，要想著把腳跟放到臀部上。這是為了防止過度彎曲髖關節，使阻力變大。

另外，如果兩個膝蓋間張得太開，也會造成來自前方的水阻變大，要特別注意。收起腿後，要用腳掌和小腿內側抓住水流，然後把水朝正後方送出。比起把注意力放在踢水上，想像身體被向前推的感覺更為重要。

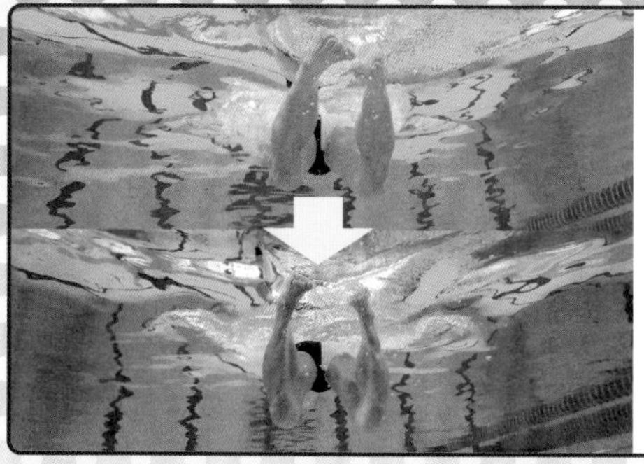

POINT 1

像是把腳跟放在臀部般收腳

收腿的動作會產生水的阻力。為了減少這個阻力，要想像把腳跟放在臀部上，不要過度彎曲髖關節。如果膝蓋往左右張得太開，整體承受的阻力也會變大，這點要特別注意。

POINT 2

用腳掌和小腿內側抓住水流打水

不只用腳掌，也要用小腿內側夾住水，將更多的水推向後方。此時如果放鬆體幹的力量就無法用力地踢出，因此一定要藉由收腹動作繃緊體幹。

POINT 3

加速合腳的動作

如果只在踢出時用力，不僅不能順利抓住水流，兩隻腳的動作也會停在沒有閉緊的位置，因此要想著加速兩腳閉合的動作。想像從大腿根部到腳尖依序夾住兩腿間的水，然後往後方送出。

+1 專家建議

踢腿之前讓髖關節往內旋

在踢出腿之前讓髖關節往內旋，腳尖朝向外側，就能讓腳掌到小腿內側朝向正後方，做好用整隻腳抓住水流的準備。光是這一個小小的動作就能大幅改變推進力，因此在踢出之前一定要刻意讓髖關節往內旋。

訣竅 22

蛙式的划水

學會收在肩膀前方的划臂動作

動作又小又快精簡地划水

和其他三個游泳項目不同，蛙式的前進力量有八成是由打水動作提供，所以划水時不要阻礙打水獲得的推進力相當重要。話雖如此，如果划水時不抓住水流，就無法順利將重心往前方移動。要減少阻力、有效獲得推進力，訣竅是要在兩肩的肩線前面做出划水動作。記得手臂往外側張開的動作（外掃）要大一點，手臂回到內側的動作（內掃）到擺臂動作要又小又快地進行。

重點是要加速從外掃到內掃的切換動作。以手肘為支點從拇指側快速彎起手臂，接著在胸口前將兩手手肘合起，順暢地轉移到擺臂動作，也會更容易掌握重心移動的感覺。

POINT 1 在肩線前面做出動作

如果為了利用划水前進，就將手臂拉到體幹附近做出撈水動作的話，雖然推進力會變大，但相對地水阻會變得更大，所以效率很差。如果在頭部前面抓住水流的話，只要以手肘為支點讓前臂往內側翻轉，就可以在肩線前完成所有動作。

POINT 2 藉由擺臂動作讓手快速回到前面

手在水中回到前面的蛙式擺臂動作，為了減少阻力，要抱持著兩手手肘在胸前合起的意識，讓兩隻手比身體（肩膀）的寬度更小，並快速進行。手回到前面之後，要確實伸直手臂做出流線形姿勢。

POINT 3 重視重心的移動

如果在進行換氣動作時停止划水，就不能順暢地轉移到擺臂動作，也會難以移動重心。為了避免換氣動作太久，要在抬起臉之前在水中一口氣把氣吐完，隨著擺臂動作一邊吸氣，一邊快速地將上半身向前傾。

+1 專家建議

划水時腳停止動作

藉由划水動作獲得推進力時，腳不要動，以免產生阻力。尤其上半身經由划水和換氣動作浮出水面時，膝蓋很容易彎曲，使得腳往往會下沉，因此臀部要使力，讓整隻腳到腳尖都能維持筆直。

訣竅 23

蛙式的換氣&時機

藉由打水保留時間順暢地游泳

CHECK POINT

❶ 轉移到擺臂動作時收腿
❷ 上半身向前傾的同時踢腿
❸ 換氣時視線要看著手

記住收腿的時機和踢腿的時機

想游出快速、漂亮的蛙式，打水和划水的時機非常重要。

從「伸展」的狀態開始進行划水，接著在從內掃（向內撥水的動作）轉移到擺臂動作時收腿。踢腿的時機是在做完擺臂動作，手臂向前伸、上半身往前傾時。只要重視這兩個重點，就能以阻力最低的方式流暢前進。

另外，換氣時如果抬起下巴之類，頭部的動作太大，游泳的節奏就會亂掉。配合藉由抓水動作自然浮起的上半身來換氣，注意不要改變下巴的角度。換氣時看著進行擺臂動作的手，就能以漂亮的姿勢換氣。

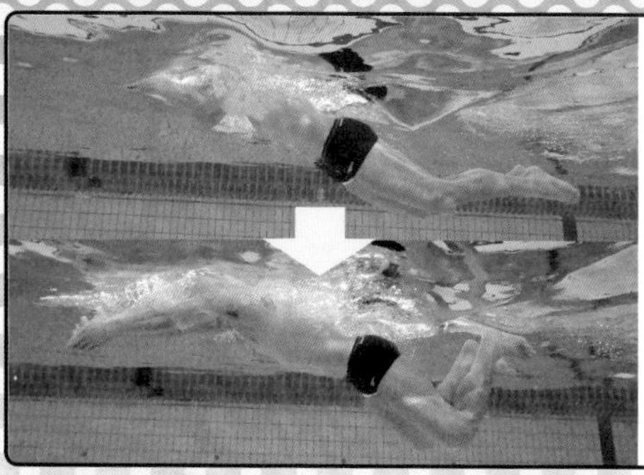

POINT 1 轉移到擺臂動作時收腿

在手轉移到擺臂動作之前腳都先不要動，就可以減少阻力。接著，收腿的時機就是在手開始轉移到擺臂動作的時候。這個時候收腿的話就不會阻礙划水動作，能在阻力較小的情況下收腿。

POINT 2 上半身向前傾的同時踢腿

上半身一邊向前傾一邊做出擺臂動作，在手肘伸直時開始踢腿。擺臂動作結束後做出「伸展」的姿勢，在減少阻力時開始踢腿，就是能最有效活用打水的推進力的游泳時機。

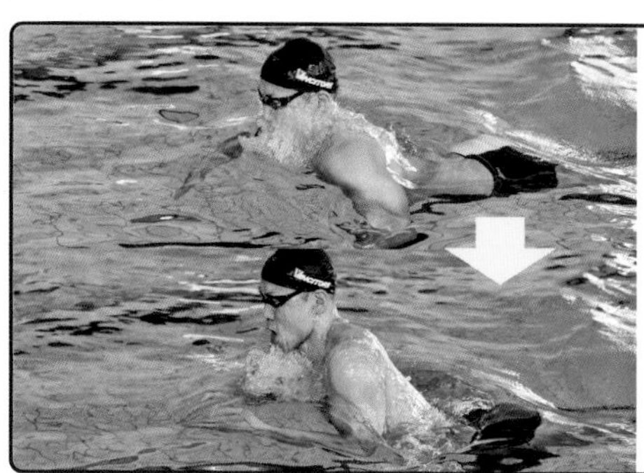

POINT 3 換氣時視線要看著手

蛙式在藉由抓水將水向內撥時，上半身會自然而然浮起。重點是要配合這個時機換氣。這個時候，只要視線看著做出擺臂動作的手，就不會有多餘的動作，換氣時也不會阻礙游泳。

+1 專家建議

換氣時的視線是一大重點

眼睛看著做出擺臂動作的手，意思就是不要面向前方。抬起下巴的話會容易仰起上半身，水的阻力也會變大；如果下巴收過頭，脖子周圍就會用力，導致白白消耗體力。擺出姿勢時，視線也是非常重要的一點。

訣竅
24

蛙式的練習項目①

學會推進力大的打水動作

CHECK POINT

❶ 仰蛙打水
❷ 舉手流線形打水
❸ 水下打水

阻力較小的打水和不失去推進力的上半身姿勢

占了蛙式推進力八成的打水，必須盡量減少阻力，並且抓住大量的水流以產生強大的推進力，兩者要同時進行才行。首先讓我們學會不會產生多餘阻力的打水姿勢吧！

收腿時，水的阻力大多施加在大腿的前面。如果要學會減少大腿阻力的打水動作，仰蛙打水是個非常有效的訓練方法。

接著，為了有效活用打水時產生的推進力，要練習讓上半身做出低阻力的姿勢。先在水面上高舉起雙手進行打水練習，接下來在阻力更大的水中以同樣的姿勢練習打水。

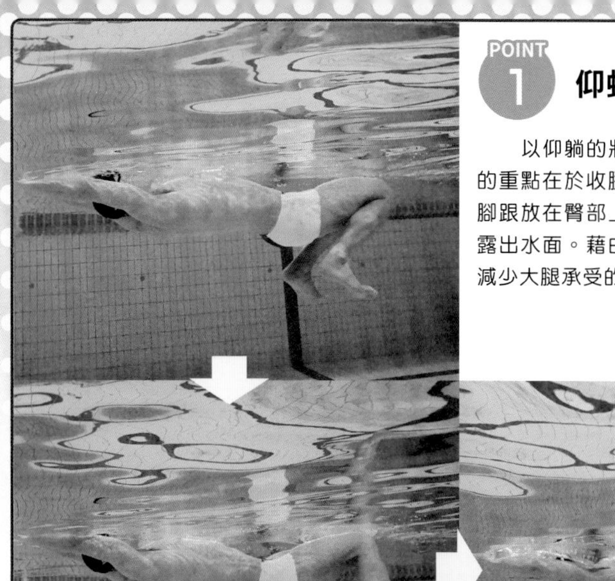

POINT 1 仰蛙打水

以仰躺的狀態進行蛙式的打水。練習時的重點在於收腿時髖關節不要彎曲，像是將腳跟放在臀部上一樣移動，並注意膝蓋不要露出水面。藉由這個練習學會的打水動作能減少大腿承受的水阻。

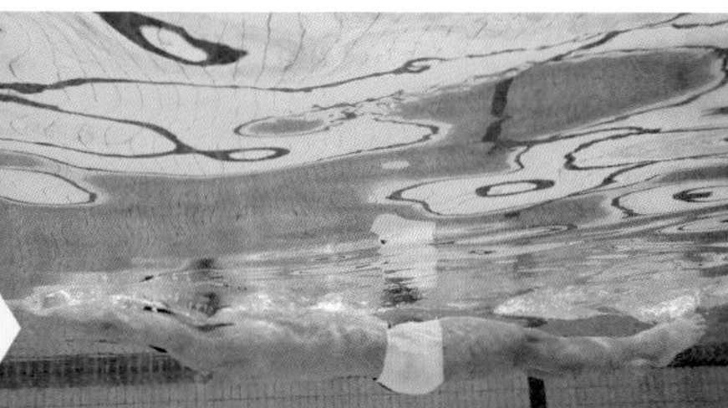

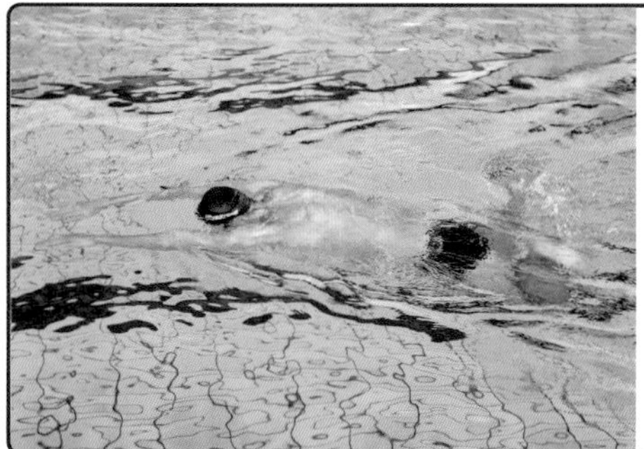

POINT 2 舉手流線形打水

接近做完擺臂動作之後採取的「伸展」姿勢，在舉起雙手的狀態下進行打水的練習。挺直上半身，若能減少阻力，就能感受到活用打水的推進力的重要性。即使是臉朝下的狀態，也要做出和仰蛙打水同樣的腿部動作。

POINT 3 水下打水

比起在水面上，水裡會從各個方向產生阻力，這個練習是為了學會如何做出活用打水推進力的上半身姿勢，以及減少收腿時承受的水阻。要仔細地感受在收腿、踢腿時，身體的哪個部位會承受水的阻力。

訣竅 25

蛙式的練習項目②

學會有效率的划水動作

有效率地抓住水流
記住收回手時毫無阻力的感覺

划水的推進力在蛙式中只占兩成，所以要注意盡量不要產生阻力，動作也必須避免妨礙到打水。話雖如此，如果划水時沒有充分抓住水流的話，就不可能游得更快。

從「伸展」的姿勢開始進行的外掃動作（抓水），可以藉由前段划槳練習來培養用手掌到前臂充分抓住水流的感覺。接著在螺旋划槳練習，學會加速從外掃到內掃（向內撥水）的動作，並記住精簡地銜接到擺臂動作的動作。

為了在聯合動作中也能做出這些動作，要以自由腳的蛙式，練習維持平坦的姿勢。

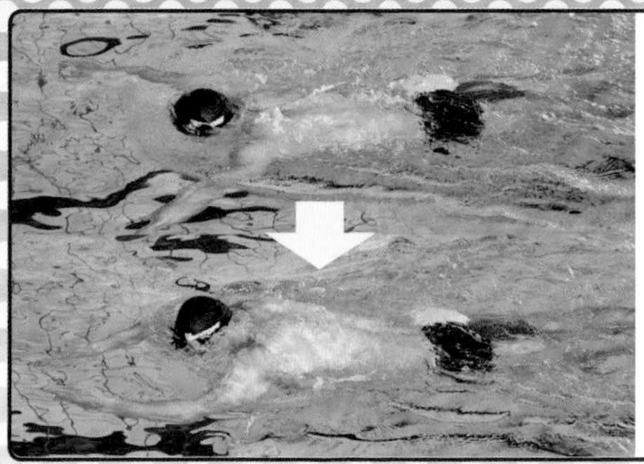

POINT 1 前段划槳練習

在腦中想像著外掃動作進行練習。手肘不要彎曲，從肩關節帶動整隻手臂，打開雙手到比肩寬更外側的地方。不只是手掌，要記住藉由整個前臂抓住水流的感覺。接著以手肘為支點，將手掌快速地往內側切回。

POINT 2 螺旋划槳練習

在前段划槳的動作中，加上內掃動作和擺臂動作。注意手肘的位置不要接近身體，以手肘為支點翻轉前臂，順暢地銜接到擺臂動作，也要保留伸展的時間。雙腿夾著夾腿浮板進行練習。

POINT 3 自由腳蛙式

螺旋划槳的動作搭配上自由式的打水和換氣動作，以接近聯合動作的狀態練習划水。保持平坦的姿勢、抓住大量水流的外掃動作、精簡的內掃動作和擺臂動作，這些都要在一連串的動作中做好。

訣竅 26

蛙式的練習項目③

藉由移動重心向前進

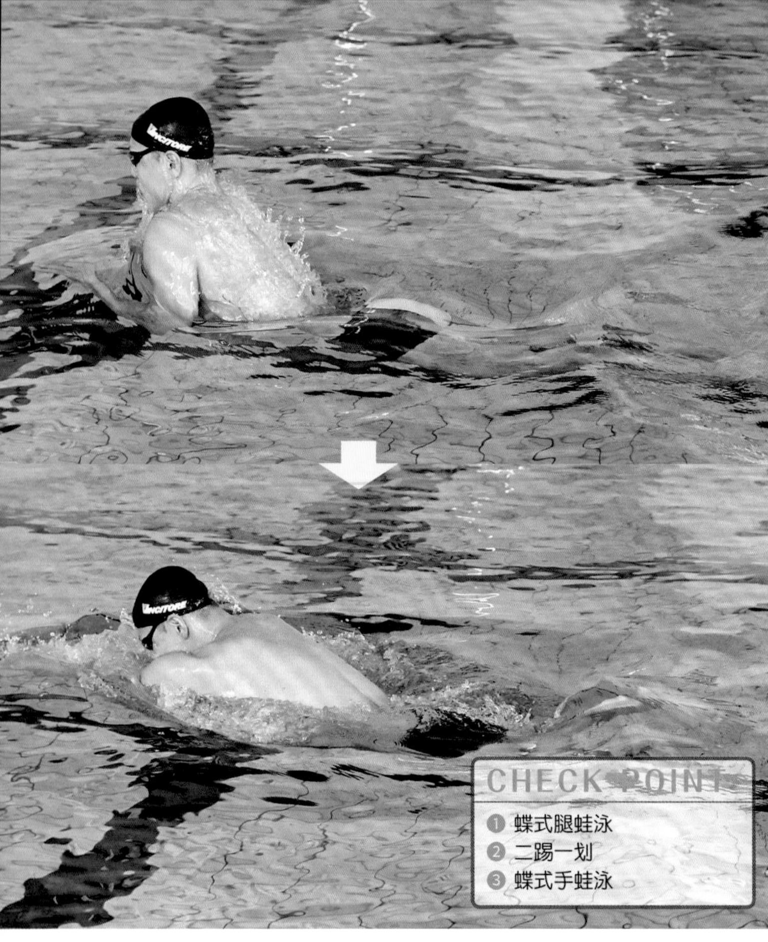

掌握重心的移動 做出以「伸展」前進的蛙式

蛙式並非像自由式或仰式游泳時左右分別活動，雙手雙腳同時活動也是蛙式的特色。

只要配合打水與划水的時機，就能利用重心的移動產生更高的推進力。

比起蛙式的踢腿，要利用更容易掌握重心移動感覺的蝶式踢腿，以及二踢一划的練習，穩定地進行划水動作，並記住重心移動的時機。

另外，也可以配合蝶式划水搭配上蛙式踢腿的練習，記住藉由踢腿移動重心的感覺。

蝶式腿蛙泳

划水用蛙式手，打水用蝶式腿游泳的練習。從內掃動作開始，在擺臂動作手向前伸的時候，以較為強力的蝶式腿打水，藉此掌握重心移動的時機及感覺。

二踢一划

這種練習比起一般的聯合動作能多空出一拍的時間，所以能穩定地將划水的動作配合踢腿的時機。練習時也要感受藉由浮力浮起來的感覺。

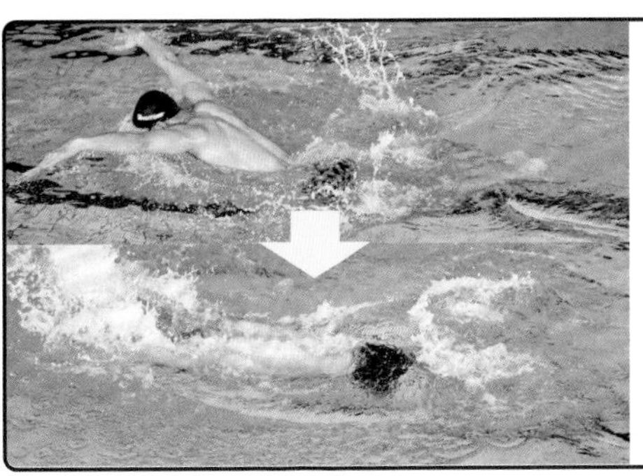

蝶式手蛙泳

和蝶式腿蛙泳相反，划水的動作是蝶式，打水是蛙式，如此進行練習。因為蝶式划水的推進力很高，所以可以藉由較快的速度記住打水的時機，以有效移動重心。

專欄

結合力量與技巧不斷進化的蛙式

蛙式能藉由手腳獲得的推進力比其他的游泳方式還要少，所以比起其他游泳項目，減少水所造成的阻力對蛙式而言非常重要。對於體格不如歐美人士的亞洲人，這個要素也是蛙式項目經常能與世界爭霸的理由之一。1992年前後，以強力的划水和節奏快速的力量游泳的蛙式曾蔚為主流，之後慢慢轉變為阻力較小的有效游泳方式，而其中一個答案，就是在雅典奧運和北京奧運兩次大會，連續獲得兩個項目金牌的北島康介選手的游泳方式。

最近蛙式又逐漸改變為重視力量的游泳方式。然而不同以往的是，現在並非只是單靠力量游泳，而是以阻力較小的有效游泳方式為基礎，再加上力量輔助。游泳的主流方式就像這樣不斷地反覆進化，並持續更新著紀錄。

PART 5

蝶式

訣竅
27

何謂蝶式？

蝶式的　點在於游泳的節奏與　心的移動

CHECK POINT

❶配合兩次踢腿的時機
❷換氣時壓低身體，減少上下晃動
❸身體維持筆直的姿勢

配合兩次踢腿的時機平坦地游泳

想游出強而有力的蝶式，訣竅就在於將兩次踢腿的時機配合在一次划水的時間內。

第一次在入水的同時踢腿，向前用力伸展，這是第一踢，而第二踢是在推水的時間點踢腿。

將這兩次踢腿的時機跟划水動作搭配在一起，讓身體衝出去，就能有節奏且順暢地游出蝶式。

但是如果身體大幅度的上下晃動，不僅會增加水的阻力，而且游泳時也只會濺起很大的水花，並大量消耗體力而已。記得要盡量減少身體上下晃動，平坦地游泳。

配合兩次踢腿的時機

第一踢要配合入水的時機踢腿，將重心向前方移動。接著，只要第二踢能配合推水的動作與時機，游的時候就能更有力地衝出水面。這兩次的踢腿與划水時機的配合非常重要。

POINT 2 換氣時壓低身體，減少上下晃動

在藉由第二踢浮起身體時進行換氣的動作。這時如果頭抬得太高就會仰起身體，使得上下晃動變大並增加阻力，導致白白消耗掉體力。在進行換氣動作時，只要想著讓胸口沉入水中，身體就不易抬起，也能減少上下晃動。

POINT 3 身體維持筆直的姿勢

乍看之下，蝶式像是在水中上下起伏一般，不過真正快速的蝶式，身體幾乎是保持筆直的狀態。尤其在入水和推水的時候，身體特別容易向後仰。要留意隨時綳緊體幹，保持身體筆直的狀態。

+1 專家建議

游蝶式不需要力量

第一踢要配合入水的時機，第二踢要配合推水的時機，只要做到這兩點，即使沒有力量也能順暢地游出蝶式。練習時並非單靠力量硬是去游，而是要重視節奏和動作的時機。

訣竅 28

蝶式的打水

將腳背與小腿朝向後方打水

CHECK POINT

1. 往下踢時藉由髖關節內旋繃緊大腿內側
2. 踢完後膝蓋伸直，讓腳跟浮向水面
3. 兩腳拇趾併攏，將腳背與小腿朝向後方

學會能把水向後推出的打水方式

同時活動雙腳打水的蝶式踢腿，能產生巨大的推進力。但是，如果往下踢時兩隻腳分開，這個效果就會減半。

往下踢的時候，要先抱持著將雙腳拇趾併攏的想法。只要將腳背與小腿朝向正後方，這麼一來就能把許多水推向後方。

在踢完腿往上抬時，如果膝蓋彎曲就會產生極大的阻力。要一邊將膝蓋徹底伸直往下踢，一邊讓髖關節內旋，繃緊大腿內側。接著併攏雙腳，保持膝蓋伸直讓腳跟回到水面。再來只要將髖關節外旋、膝蓋稍微分開，轉移到往下踢的動作，就能流暢地打水了。

POINT 1 往下踢時藉由髖關節內旋繃緊大腿內側

蝶式踢腿往下踢的訣竅，就是要放鬆腳踝，將膝蓋徹底伸直往下踢。這時要想著藉由髖關節的內旋動作把水踢向內側，繃緊大腿內側。往下踢時也要注意上半身的下沉，並感受重心的移動。

POINT 2 踢完後膝蓋伸直，讓腳跟浮向水面

踢完後如果膝蓋彎曲，不僅會產生巨大的阻力，也會無法順暢地移動重心。往下踢之後腳會伸直，要想著不要彎曲膝蓋，讓腳跟回到水面。若是能在往下踢的動作中加速伸展膝蓋，切換到往上浮的動作時就會變得更順暢。

POINT 3 兩腳拇趾併攏，將腳背與小腿朝向後方

併攏雙腳（腳掌）的話會難以動作，不僅不易踢腿，阻力也會變大。只要一邊注意拇趾不要分開，一邊將髖關節外旋、膝蓋稍微分開，就能做好準備用腳背與小腿順暢地把水送到後方，就這樣銜接到往下踢的動作吧。

訣竅 29

蝶式的划水

雙手像是抱住大球般抓住水流

CHECK POINT

1. 像是抱住在胸前的大球般抓水
2. 將抓到的水集中到肚臍
3. 將手掌朝向後方一口氣把水推出

抓住大量的水流 一口氣把水推向後方

只要想像胸口附近有一顆大球，用雙手抱住那顆球一般，就能做出抓住大量水流的抓水動作。

因此，和自由式的抓水動作一樣，重點是要注意上臂的位置不要往下掉，將前臂到手掌當成一片木板一樣使用。

此外，為了將抓住的水一口氣推向後方，在做推水動作之前，手掌要先朝向正後方。

做完抓水動作之後慢慢地夾緊腋下，最後想像自己把抓水抓到的大球丟到腳下，做出推水動作。

POINT 1 像是抱住在胸前的大球般抓水

想像胸前有顆大球，像是抱住那顆大球般抓住水流。要想像自己抱住的是有點大的平衡球。別忘了要立起手肘，將前臂到手掌當成一片木板使用。

POINT 2 將抓到的水集中到肚臍

抓住大量的水流之後，就把這些水集中到肚臍並慢慢夾緊腋下。如果腋下是開的，好不容易用抓水動作抓住的水就會跑掉。只要在做完抓水動作之後，慢慢地移動手臂將腋下夾緊就好。

POINT 3 將手掌朝向後方一口氣把水推出

集中到肚臍的水，要藉由推水動作一口氣推向後方。只要想著把球丟到自己腳下，就能用力地做出推水動作。利用這股力道，將手從小指側抬出水面，就能順暢地銜接到擺臂動作。

+1 專家建議

回想從游泳池邊上來的動作

請各位試著確認自己從游泳池上來時手臂的動作。這個動作和蝶式的划水幾乎一模一樣。從手扶在游泳池邊的狀態撐起身體的瞬間就是抓水，夾緊腋下、伸直手肘把身體抬上來時就是推水。

訣竅 30

換氣時要刻意將胸部沉入水中

蝶式的換氣&時機

壓低身體衝出水面 換氣動作盡量接近水面進行

蝶式的換氣要配合推水和第二次踢腿的時機，在身體浮起時進行。這時硬是抬起頭的話，身體很容易向後仰形成極大的阻力。與其抬起臉，倒不如想著將胸部沉入水中，像是讓下巴在水面上滑行一般進行換氣動作。

想要做出這個換氣動作的姿勢，就一定得配合第二次踢腿與推水的時機不可。就算是為了順勢從水面以低姿態衝出，這個時機也非常重要。

換氣之後，只要在入水的同時加上第一次踢腿，就能往前方移動重心，輕鬆地向前游一大段。

POINT 1 配合第二次踢腿與推水的時機

將抓水捕捉到的水流一口氣推出的力道，再搭配上第二次踢腿的力道，就能猛烈地向前衝出一段、大幅前進。只要配合這個時機，就能在換氣動作與入水時有效地移動重心。

POINT 2 換氣動作要將胸部沉入水中

只要讓下巴像是在水面上滑行一般，就能做出低姿態、上下移動較少、有效率的換氣動作。為了做出這個動作，最重要的是要抱持著將胸部沉入水裡的意識。只要能將胸口沉入水中獲得浮力，就可以輕鬆地做出換氣動作。

POINT 3 配合入水和第一次踢腿移動重心

做完換氣動作之後，配合入水與第一次踢腿的時機，就能往前方移動重心。如果錯過這個時機，就必須單靠手臂的力量進行抓水動作。若能移動重心的話，就可以藉由這股力道延續到抓水動作。

+1 專家建議

身體不要起伏 往斜下方沉入、往斜上方衝出

真正向前進的蝶式，身體本身不會起伏。在第一次踢腿和入水的時機點，身體會像在筆直的狀態下往斜下方沉入水中一般移動重心，然後利用第二次踢腿和推水的力道，想像身體保持筆直的狀態往斜上方衝出水面。

訣竅 31

蝶式的練習項目①

學會起伏較少的打水動作

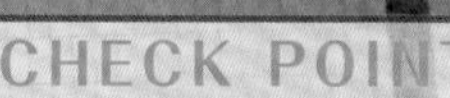

❶ 浮板打水
❷ 舉手流線形打水
❸ 水下打水

上半身保持筆直 學會向前進的打水動作

如果用全身做出波狀運動的話，就不能充分活用靠雙腳產生高推進力的蝶式踢腿了。要注意避免從指尖或頭部開始出現波狀般的上下移動，盡量讓上半身（從指尖到胸口）保持平坦的姿勢，想著用胸部以下來踢腿。

即使做浮板打水練習，也要減少上半身的上下移動，把注意力放在胸部以下的動作上，這麼一來就能掌握感覺，讓踢腿的推進力朝向前方。此外，在舉手打水和水下打水的練習中，也要避免上半身過度上下起伏，並記住能活用踢腿推進力的動作。雖然減少上半身的上下移動也很重要，不過練習時也別忘了把水推向後方的打水動作。

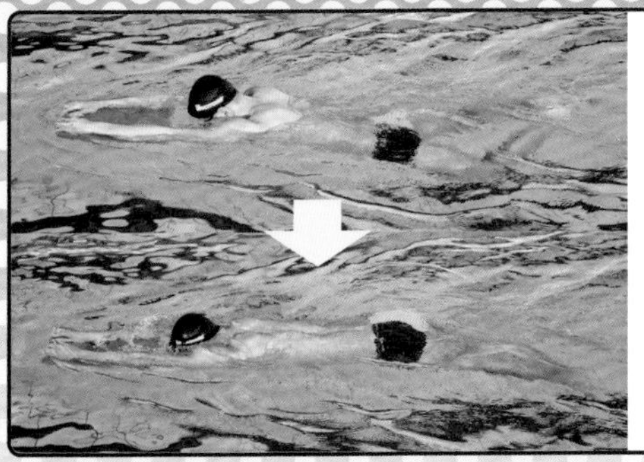

浮板打水

必須注意的地方有三個。首先，腳跟維持在水面附近，縮緊臀部將骨盆到大腿沉入水中。接著，將彎曲的膝蓋伸直往下打水，同時併攏大腿內側。最後保持膝蓋伸直的狀態，讓腳跟的位置回到水面。

POINT 2

舉手流線形打水

將浮板打水的動作，變成不用浮板來進行。頭和手臂的位置保持在水面附近，注意上下起伏不要變大，並留意胸部以下的動作。踢完腿之後，以舉手流線形的姿勢記住向前進的感覺。

POINT 3

水下打水

在水中進行蝶式踢腿的練習。雖然也能當成轉身後或出發後進行的打水練習，不過練習時要注意頭和手臂不要上下活動（不要起伏）。但是，潛水伴隨著危險。一定要有指導者陪同練習。

+1 專家建議

無論哪種練習 兩腳的拇趾都不要分開

無論進行哪一項打水練習，兩腳的拇趾跟拇趾之間都不要張得太開。空隙愈大，水就愈容易跑掉。雖然打水練習的重點是減少上下移動，不過也別疏忽掉踢腿本來的重要部分。

訣竅 32

蝶式的練習項目②

做出平坦的姿勢與划水動作

CHECK POINT

❶ 間歇式蝶泳（使用夾腿浮板）
❷ 間歇式蝶泳（加上踢腿）
❸ 自由腿蝶式

繃緊體幹保持平坦的姿勢確認划水動作

身體本身上下起伏的話，入水後可能會深深地沉入水中，或是導致換氣時身體向後仰，承受到極大的阻力。因此身體盡量保持平坦（筆直）的姿勢非常重要。

使用夾腿浮板的間歇式蝶泳（arm-delayed）和自由腿蝶式的練習，有助於學會在保持身體平坦狀態的同時做出划水的動作。最重要的是，擺臂時身體不要硬是向後仰，或是入水時過度弓起背部，使得頭和手臂過於沉入水中。這兩點是要以平坦的姿勢游蝶式時相當重要的重點。而在加上踢腿的間歇式蝶泳中，目標則是學會以平坦的姿勢掌握划水和踢腿的時機，以及重心的移動。

POINT 1 間歇式蝶泳（使用夾腿浮板）

推完水之後，以立正的姿勢暫時停止動作確認推進力。接著將手背朝向前方，讓手臂擦過水面，慢慢擺臂回到前方。保持滑行的姿勢暫時停止動作，接著再從抱住水的抓水動作到推水動作，有力地重複划水。注意身體不要因為擺臂動作而向後仰。

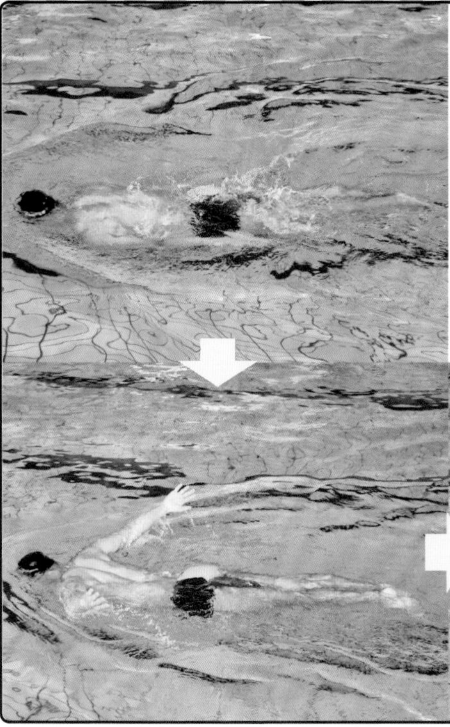

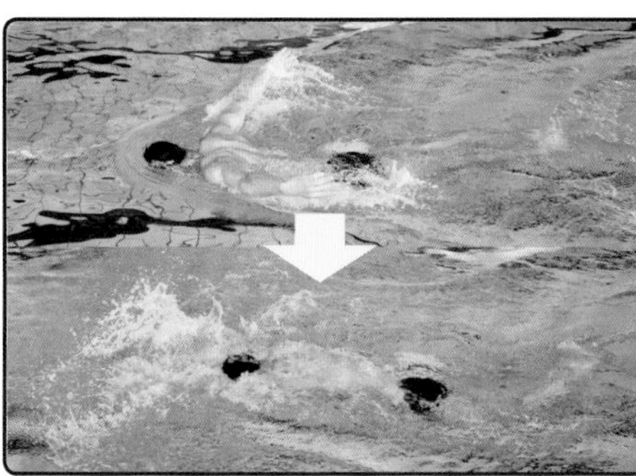

POINT 2 間歇式蝶泳（加上踢腿）

在①的間歇式蝶泳中，搭配入水時的第一次踢腿、推水時的第二次踢腿的練習。體幹保持筆直，藉由第一次踢腿向斜下方沉入水中。在獲得浮力的同時藉由第二次踢腿和推水動作浮上水面。也要練習划水和起伏的時機。

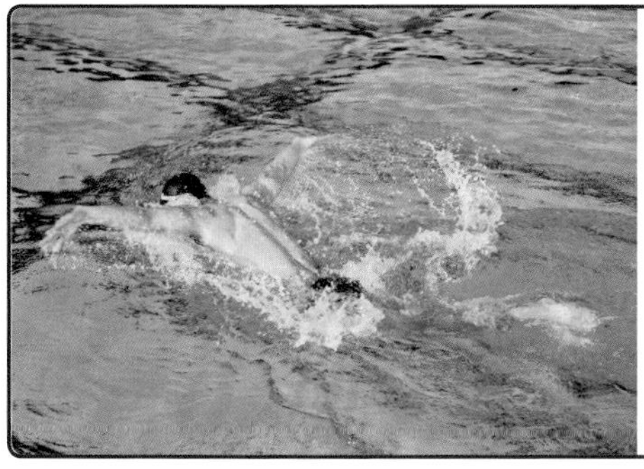

POINT 3 自由腿蝶式

划水是蝶式，打水是自由式的游法。若是自由式打水，入水時或推水時身體比較容易保持平坦的狀態，意識也容易集中在划水動作上。藉由抓水、划手、推水把水確實推向後方。這也能當成壓低換氣動作的練習。

訣竅
33

蝶式的練習項目③

記住第一、第二次踢腿與划水的時機

藉由划水、打水的時機和重心移動，學會有效率的游法

學會有效獲得推進力的打水，以及以平坦姿勢進行的划水之後，再來就只要將兩者的時機搭配在一起就行了。

雖然蝶式看起來像是很需要力量的游法，但是只要搭配好踢腿和划水的時機，能將體幹沉入水中獲得浮力的話，就不需要太大的力量。正因如此，第一、第二次踢腿的時機和重心的移動非常重要。

首先是單臂蝶式搭配兩次踢腿的練習。若要抓準時機，可以利用三次踢腿一次划水的練習，入水時是第一踢，滑行時再做一次踢腿調整節奏，然後第二踢要搭配推水的時機。在流線形練習中要記住重心移動的感覺，接著以聯合動作為目標做最後的練習。

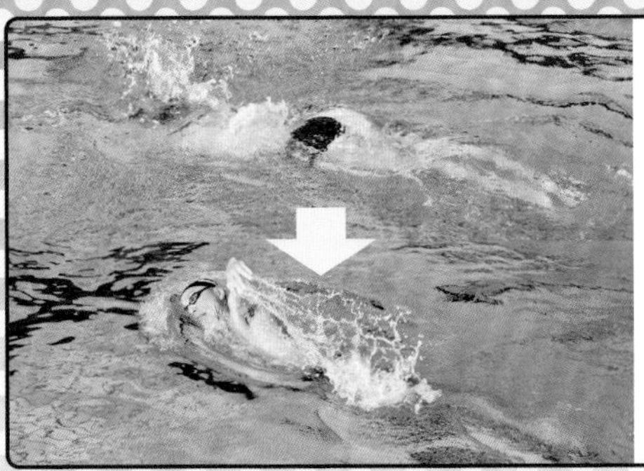

POINT 1 單臂蝶式（單臂固定在前）

單手固定在前方，只用另一隻手游泳。入水時搭配第一次踢腿，讓體幹保持筆直向斜下方沉入水中。利用浮力，搭配上推水和第二次踢腿浮上水面。擺臂動作也要壓低進行。換氣可以朝向側面。

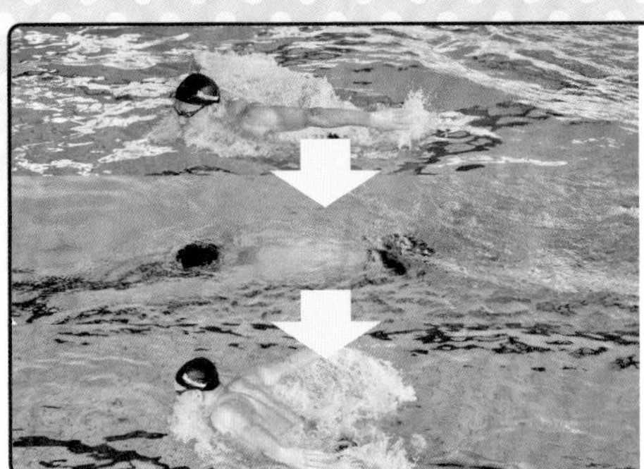

POINT 2 三次踢腿一次划水

這個練習是在入水時搭配第一次踢腿，接著在手向前伸直時進行第二次踢腿，最後在推水時搭配第三次踢腿。在一次划水的時間內多插入一次踢腿，心情上也會比較有餘裕，所以游泳時能專注在踢腿的時機上。

POINT 3 流線形練習

第一次踢腿入水時用手臂確實夾住頭、雙手交疊，擺出流線形姿勢，讓身體往斜下方沉入水中，就能藉由重心的移動獲得更強烈的前進感。另外，利用浮力讓身體浮起時，要搭配推水跟第二次踢腿，培養加速的感覺。

專欄

不受固定概念拘束的思考方式創造出了蝶式

蝶式這種全新的游泳項目，是在1954年誕生的。它原本是為了讓蛙式游得更快所想出來的動作，當時是用現在的蝶式划水，用蛙式的動作踢腿游泳。設計出現在這種同時上下移動雙腳的蝶式踢腿的人，就是日本人長澤二郎先生。

蝶式的泳速本身僅次於自由式，不過在200m的世界紀錄和日本紀錄中，蝶式和仰式的速度幾乎沒有區別。這表示在游泳的特性上，蝶式在後半的體力不足程度比仰式更為明顯。尤其是在短泳道（25m游泳池）比賽時，不論是在世界紀錄或日本紀錄中，200m都是仰式比蝶式還要更快。原本蝶式就是在蛙式既定的規則中，由想法不受固定概念拘束的選手所創造出來的。不只是蝶式，其他的游泳方式也不要被固定概念拘束，或許從規則中思考出最適合自己的最佳游法也很有意思也說不定。

PART 6

徹底鑽研
壁邊的技巧！

訣竅 34

抓台式出發

用雙腳用力蹬起跳台

藉由重心移動和兩腿的力量用力地向前跳出

抓台式出發是從兩腳平行的狀態起跳。雖然對於出發信號的反應會比起跑式出發（參照第92頁）慢一些，不過可以兩腳同時蹬起跳台，藉此用力跳出，是可以增強入水後力道的出發方法。

左右腳張開與肩同寬，腳趾緊緊勾住起跳台的前端做好準備。聽到出發信號的同時重心向前移動，同時兩腳對起跳台施力，一口氣向前跳出。

如果重心向前移動得不夠，身體會往上方跳出，導致入水太深，因此要多加注意。入水後也要維持流線形姿勢，繼續活用跳水的力道。

預備時左右腳張開與腰同寬

雙腳平行張開與腰同寬，腳趾緊緊勾住起跳台（盡量多用幾根腳趾勾著）。膝蓋彎到腿後腱會覺得緊繃的角度。手放的位置可以疊在兩隻腳之間，或是垂下與肩同寬，做好預備姿勢。

POINT 2 準備藉由重心移動向前跳出

從預備姿勢進行重心移動，準備用力踢蹬起跳台。出發信號響起後，做出抬頭看向前方的動作，讓上半身往起跳台前面移動。這時兩腳踩踏的力氣不要放掉，銜接到踢蹬的動作。

POINT 3 奮力向前跳出，迅速做出流線形姿勢

兩腳用力踢蹬起跳台，向前跳出後，在空中調整好流線形的姿勢。兩臂夾住頭，兩腳也確實併攏，固定體幹，想像從指尖插入水面。入水後也要保持流線形姿勢，再銜接到水下打水和浮起的動作。

訣竅 35

起跑式出發

依後腳↓前腳的順序發揮力量

CHECK POINT

1. 後腳膝蓋角度呈90度，將體重放在後腳
2. 注意臀部的肌肉，從後腳開始發揮力量
3. 將身體重心放到前腳向前送出，再踢蹬一次跳出

藉由後腳↓前腳的兩段式加速筆直地向前跳出

起跑式出發是將左右腳前後打開，做好預備姿勢再跳出去。前腳的拇趾放在起跳台的中間，腳趾頭勾住起跳台，後腳的膝蓋角度要以90度為基準，做好準備。

現在會將田徑賽使用的起跑器裝在起跳台上。依據起跑器的用法，也有可能發揮出超越抓台式出發的力量，更快速地向前跳出。

先從後腳用力踢蹬，一邊往前方移動重心，一邊再次用前腳蹬出，若能透過兩段式加速發揮出力量，起跳時就可以更加強而有力。若能在這個動作中再加上兩隻手的力量，就可以更進一步提升加速度。

POINT 1 後腳膝蓋角度呈90度，將體重放在後腳

後腳膝蓋角度以90度為基準，確定好起跑器（腳）的位置。前腳趾頭勾住起跳台，後腳拇趾球貼著起跑器，在腳跟懸空的狀態下，將體重略微放在後腳上做好準備。也要注意前腳膝蓋的角度，讓前腳的腿後腱變成略微緊繃的狀態。

POINT 2 注意臀部的肌肉，從後腳開始發揮力量

從後腳的臀部開始發揮力量。雖然是抬起頭向前跳出，不過這時從頭部到臀部的背面線條要保持筆直。將兩隻手臂向後拉，若能在重心移動時再加上手的力道，就可以更強而有力地跳出。

POINT 3 將身體重心放到前腳向前送出，再踢蹬一次跳出

將藉由後腳跳出的身體，重心放在前腳上往前方送出。如果前腳膝蓋的角度變得太小，就無法將身體往前送出，會立刻掉進游泳池裡。反之如果膝蓋角度太大，最後那一腳就會踢不出去，這點要特別注意。跳出後要以流線形姿勢入水。

訣竅 36

仰式的出發

夾緊腋下從頭部往正後方跳出

CHECK POINT

1. 預備時夾緊腋下，膝蓋彎成90度
2. 從頭部開始動作
3. 像是往後看一樣以背部畫出弧形

頭部最先開始動作
上半身往後倒用力一踢

腳趾稍微露出水面放在牆上，手握住起跳台的握把。預備時手肘要彎曲，頭靠近起跳台，但是如果腋下太開便會無法使力，使得身體不穩定。要夾緊腋下、挺直背脊做好預備姿勢。兩腳寬度與腰部同寬，預備時的膝蓋角度以90度為基準。如果臀部太接近牆壁，就會沒辦法利用腿後腱，而無法用力地蹬牆。

聽到出發信號時，以向後看的動作從頭部開始做出反應，上半身往後倒、移動重心。這時，用力繃緊腿部和腰部，腰的位置就能維持在水面附近，可以強而有力地向後跳出。緊接在頭部的動作之後，身體、手臂跟著動作，以背部畫出弧形，並以流線形的姿勢從指尖入水。

POINT 1 預備時夾緊腋下，膝蓋彎成90度

預備時為了讓身體穩定，首先要兩腳打開與腰同寬，腳趾放在稍微露出水面的位置。膝蓋的角度保持90度，夾緊腋下將上半身拉近起跳台。這時先挺直背脊，會更容易發揮力量。

POINT 2 從頭部開始動作

出發信號響起後，要抱持著往後看的意識先將頭部向後倒。如果一開始就放開手，腰部就會往下墜，變得難以往後跳出。腿部和腰部用力，緊接在頭部的動作之後，上半身、手臂依序往後方移動。

POINT 3 像是往後看一樣以背部畫出弧形

上半身向後倒之後，以用力繃緊的下半身使勁蹬牆，往斜後方跳出。頭部確實向後倒，就能以背部畫出弧形，並以流線形的姿勢從指尖入水，順暢地銜接到瓦薩洛式踢腿（註解請見第96頁）。

訣竅37

蝶式踢腿&瓦薩洛式踢腿

打水時上半身保持平坦

入水後的水中動作
注意上半身不要動

頂尖的泳者在跳入水中後或折返轉身後，會在水中做出蝶式踢腿或瓦薩洛式踢腿。這是因為活用蹬牆的力道在水中前進會比游泳更快。因此，前進時能否盡可能減少水的阻力是一大重點。

因為上半身上下起伏會形成極大的阻力，所以從指尖到胸口要固定為流線形，做出平坦的姿勢。蝶式踢腿和瓦薩洛式踢腿的重點在於用胸部以下來進行動作。加大擺動的幅度雖然可以獲得推進力，但另一方面阻力也會變大，因此要注意並不是用力去踢，而是要做出擺動幅度較小、快速的踢腿動作。

※註：瓦薩洛式為日本游泳界獨創的名詞，意指美國游泳選手Jesse Vassallo於起跳或折返時使用，會下潛到水下的蝶式腿仰泳方式。

上半身保持平坦

為了減少水中的阻力，要盡可能減少上下起伏的動作，這點非常重要。從指尖到胸口做出流線形的姿勢，保持筆直，活動胸部以下做出柔軟的打水動作。

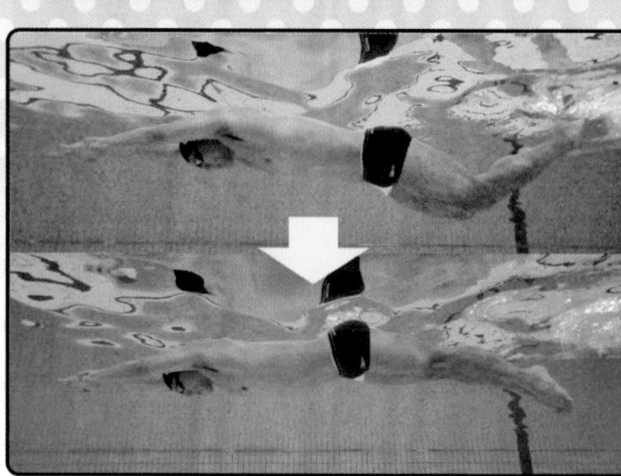

POINT 2 打水的擺動幅度小一點

為了打水前進而用力踢腿，打水的擺動幅度就會變大，最後導致水的阻力增加、損失時間。水中的蝶式踢腿或瓦薩洛式踢腿，與其重視力量，更應該把注意力放在快速做出擺動幅度較小的正確動作上。

POINT 3 找出適合自己的浮起距離

蝶式的浮起是用推水動作搭配踢腿；自由式和仰式則是浮起的第一划搭配蝶式踢腿，一邊上浮一邊切換成自由式打水。因為有15m的潛水限制，所以要計算時間找到最快的浮起距離。

訣竅 38

做出阻力較小的姿勢在水中前進

蛙式的一次划臂・一次蹬腿

藉由阻力較小的姿勢與動作進行一次划臂和一次蹬腿

蛙式的水中動作是一次划臂和一次蹬腿。這個動作的重點也是要一邊維持阻力較小的姿勢一邊進行。

從流線形的姿勢快速地做出蝶式踢腿，然後搭配進行一次划臂的動作。以跳過跳箱般的感覺活動手臂，就能做出強而有力的一次划臂動作。一次划臂結束後會變成立正姿勢，不過手臂離開身體的話會形成阻力，所以手背要貼在大腿上盡量減少阻力。一次蹬腿的腳在開始動之前，要將手通過身體的附近回到前方，配合從肩膀向前伸出手臂的時機做出一次蹬腿動作，再擺出流線形的姿勢。最後不要向前，開始做划水動作向上浮起，然後轉換到聯合動作。

POINT 1 一次划臂要把水用力推到底

一次划臂的動作要配合流線形姿勢到蝶式踢腿，接著以跳過跳箱般的感覺，朝身體前面用力帶動手臂。把水往後推到底，變成立正姿勢後，讓身體保持平坦的狀態。

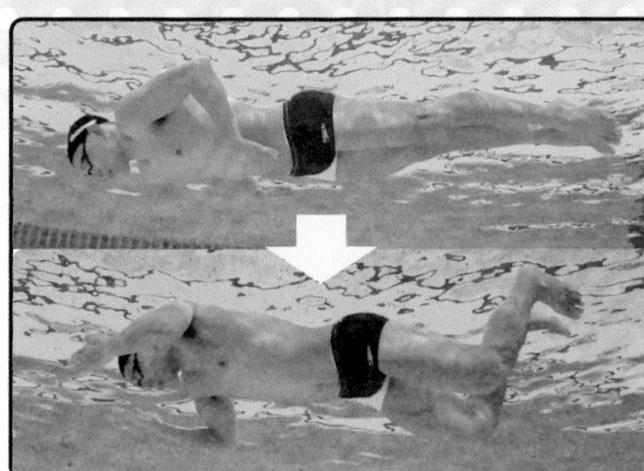

POINT 2 手回到前面時要緊貼著身體

手在水中回到前面的這個動作會產生阻力。為了減少這個阻力，手要緊貼著身體回到前面。如果在手向前伸的同時就開始一次蹬腿的收腿動作，會產生水的阻力，因此要特別注意。

POINT 3 一次蹬腿之後不是向前而是浮起

手回到前面、結束一次蹬腿之後，要開始划水向上浮起，而不是向前。結束一次蹬腿時，若能上浮到水面附近，就能順暢地轉換到游泳動作。藉由練習反覆調整深度，抓住那個感覺吧！

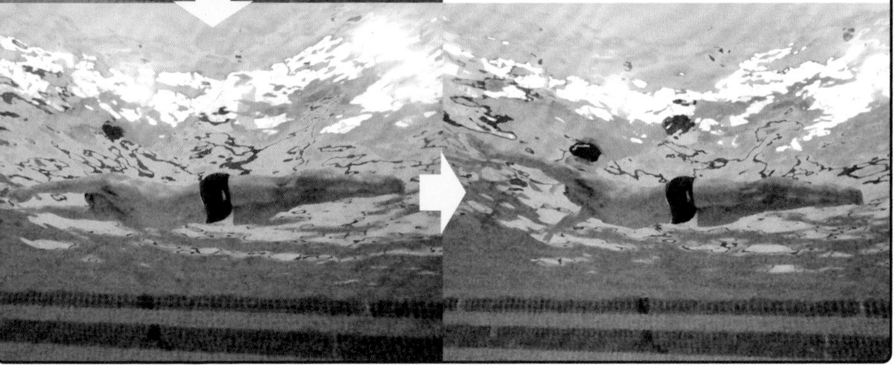

訣竅 39

順暢地轉換到聯合動作

四種游泳項目的上浮

並非急著上浮 而是以較淺的角度上浮

四種游泳項目在上浮時有個共通的重點，那就是要以較淺的角度上浮。如果以很陡的角度上浮，就會從前面承受巨大的水阻而降低速度。另外，從背部一口氣將整個身體露出水面的上浮方式也只會降低速度而已。

以較淺的角度從頭部快速上浮，就不會降低水中動作的速度，是種能銜接到聯合動作的理想上浮方式。

從平時的練習中注意上浮的時機，找到自己較不會感覺到水阻的最佳時機吧。在比賽之前，不妨再次重新檢視從跳入水裡到上浮的時機。

POINT 1 以較淺的角度上浮

以很陡的角度上浮，或是整個身體一口氣上浮的話，會降低水中動作的速度。在全部的四種游泳項目中，為了能順暢地銜接到聯合動作，以較淺的角度上浮是最為理想的。

POINT 2 上浮時不要看著水面

上浮時，為了確認水面而將臉朝向前方，會增加水的阻力而使速度降低。臉要一直朝下，維持阻力較小的姿勢上浮。從平時的練習中就去注意上浮的姿勢，會比較容易抓住感覺。

POINT 3 反覆練習找到自己的上浮方式

最快的上浮時機因人而異。有的人是潛水前進到15m會比較好，也有的人是早一點上浮會比較好。反覆進行上浮的練習，找到適合自己的最佳上浮時機吧！

訣竅 40

盡量縮起身體迴轉

觸壁轉身&滾翻轉身

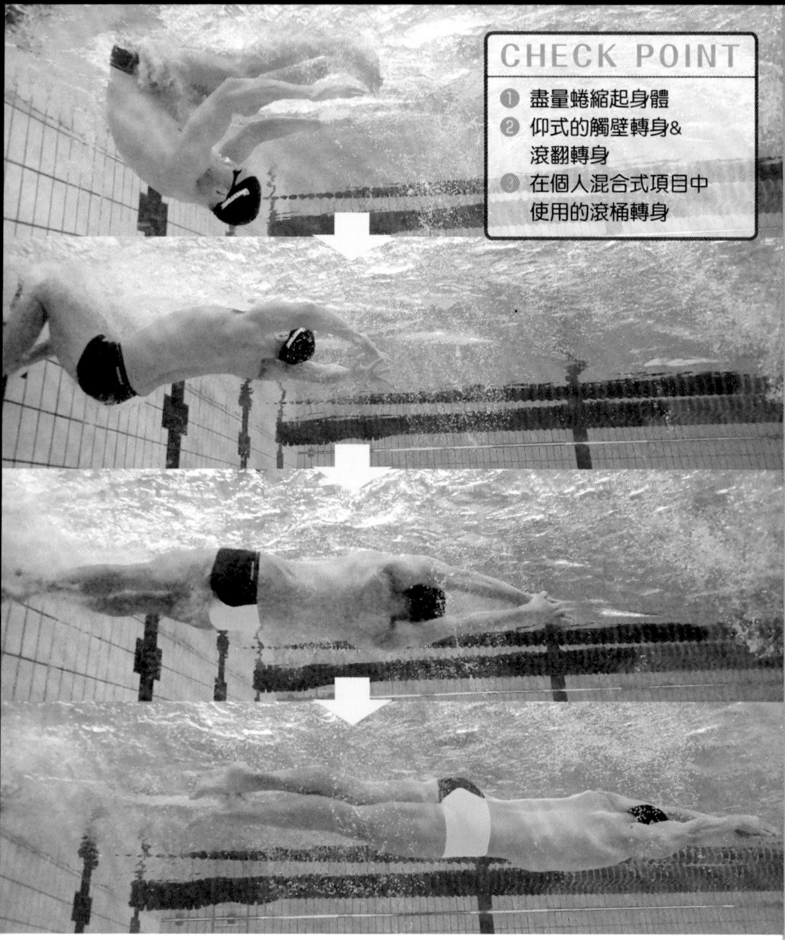

CHECK POINT
❶ 盡量蜷縮起身體
❷ 仰式的觸壁轉身&滾翻轉身
❸ 在個人混合式項目中使用的滾桶轉身

縮起身體 快速地迴轉吧！

不論是手先碰到牆壁再轉身的觸壁轉身，還是手沒有碰到牆壁進行迴轉的滾翻轉身，重點都是要縮起身體快速地迴轉。

觸壁轉身中，有用手推牆壁的反作用力和用頭靠近牆面的動作，還有把大腿靠向腹部、縮起身體的動作，以及腳靠向牆的動作。只要配合好這三者的時機，就能做出迴轉較小的快速轉身。

滾翻轉身是從划水的一連串流程中，先看向自己的肚臍，然後蜷縮起上半身。接著迅速彎曲膝蓋，就能加快迴轉的動作。觸壁轉身時，在手臂向前伸時用手碰到牆壁最為理想。滾翻轉身時，只要膝蓋呈90度用腳抵在牆上即可。

POINT 1 盡量蜷縮起身體

無論是觸壁轉身或滾翻轉身，要想迅速地進行轉身，重點是迴轉時要蜷縮起身體。如果腳保持伸直的狀態進行迴轉會形成極大的阻力，迴轉速度會變慢，最後便會導致轉身也變慢。

POINT 2 仰式的觸壁轉身&滾翻轉身

游仰式進行觸壁轉身時，要在手碰到牆後將身體轉向側面。若是滾翻轉身，身體要先旋轉半圈，以和自由式的滾翻轉身同樣的方式迴轉後，再面朝上蹬出。

POINT 3 在個人混合式項目中使用的滾桶轉身

滾桶轉身（bucket turn）是在個人混合式項目中，從仰式轉換到蛙式時，頂尖泳者所使用的技巧。在手碰到牆壁的瞬間，會像滾翻轉身那樣進行迴轉，因此能非常快速地轉身。

專欄

將減速控制在最低是水中動作原本就有的作用

出發和轉身之所以重要的理由，就在於游泳的特性。其中一個特性是，游泳基本上是一種在跳水或轉身蹬牆的瞬間速度最快，之後速度就會愈來愈慢的運動。

頂尖的泳者會將出發後的水中蝶式踢腿或仰式的瓦薩洛式踢腿盡量做久一點，原因是這麼一來藉由出發和轉身所產生的速度就不會變慢，可以在水中前進。換言之，水中蝶式踢腿和瓦薩洛式踢腿並非是在加速，只不過是把出發後和轉身後的「減速」盡量控制在最小限度而已。

如此一想，假如不擅長水中蝶式踢腿的話，有時盡快上浮還比較好一點。上浮是會大幅影響之後游泳狀況的重要部分，因此一定要反覆練習，這對於刷新紀錄是非常重要的。

PART 7

藉由陸上訓練提升游泳實力

訣竅 41

關於陸上訓練

藉由陸上訓練游得更快

CHECK POINT

❶在陸地上承受高負荷鍛鍊肌肉
❷游泳前進行陸上訓練
❸游泳結束後藉由伸展運動保養

因為有陸上訓練 在水中才能有效率地活動身體

頂尖的泳者毫無例外地都會在陸地上進行訓練。這是因為在陸地上做不到的事，在水中也做不到。而在陸地上的話，就可以藉由較高的負荷鍛鍊水中會用到的肌肉。

繃緊體幹讓身體在水中保持穩定，是很難光靠游泳學會的。但是，如果在陸地上進行繃緊體幹的訓練，就能以較高的負荷徹底進行鍛鍊。

要進行陸上訓練的話，在游泳前進行比較有效。在陸地上先感覺過的肌肉，在水中也會更容易感覺到。游泳結束之後，要藉由伸展運動保養使用過的肌肉。把伸展運動也當成重要的陸上訓練之一吧！

POINT 1
在陸地上承受高負荷鍛鍊肌肉

比起在水中，能夠以較高的負荷刺激肌肉的陸上訓練，對於游泳也會造成極大的影響。尤其是體幹的部分，如果不在陸地上鍛鍊的話，在水中便很難鍛鍊。以體幹為重點，手腳平均地進行陸上訓練吧！

POINT 2
游泳前進行陸上訓練

陸上訓練要在游泳前進行。只要先給予肌肉一次刺激，便會比較容易意識到該部位，在水中也能更有效地運用身體。自己體重的負荷就很足夠了，因此建議把陸上訓練當成練習的一環進行。

POINT 3
游泳結束後藉由伸展運動保養

在水中練習游完泳後，就藉由伸展運動來保養充分運用過的肌肉吧。請把伸展運動也當作不錯的陸上訓練。重點在於游泳前進行陸上訓練的部位，和游泳時用到的肌肉都要均勻地伸展。

加入陸上模擬游泳

在水中確認姿勢十分重要，不過如果在陸地上身體穩定的狀態下先確認姿勢會更有效。這時要進行陸上模擬游泳，在鏡子前仔細確認自己的姿勢！光是如此也是充分的陸上訓練。

訣竅 42

刺激下半身與體幹

陸上訓練①

CHECK POINT
❶ 高舉雙手深蹲
❷ 觸地深蹲
❸ 深蹲跳躍流線形

首先從下半身開始給予刺激 逐漸鍛鍊大塊的肌肉

進行陸上訓練時，必須注意訓練的順序。先從集中了大塊肌肉群的下半身開始給予刺激，就能更有效地給予全身刺激。

首先從基本的深蹲開始進行。深蹲時不只是下半身，為了維持姿勢也會運用到體幹的部分。

先藉由高舉雙手深蹲給予輕微的刺激，接著是觸地深蹲，再來是深蹲跳躍流線形，慢慢地從較輕的負荷轉移到較高的負荷。

深蹲時不要曲背，或是上半身過度向前傾，一邊注意繃緊體幹一邊進行訓練吧。

POINT 1 高舉雙手深蹲

從兩手彎曲站立的狀態，一邊進行深蹲同時手向上伸直。身體不要過度向前傾，要繃緊體幹部分。腰部降低時，要注意膝蓋不要比腳尖更突出。訓練以20次×3組為標準。

POINT 2 觸地深蹲

以深蹲的要領，臀部往後坐並慢慢彎曲膝蓋，加上用手觸摸地面的動作。進行時背脊保持筆直，就能更加刺激背面（背部、臀部、腿後腱）。這個訓練也是以20次×3組為標準。

POINT 3 深蹲跳躍流線形

從深蹲動作開始，一邊跳躍一邊做出流線形姿勢的訓練。因為負荷最高，所以一開始不妨以10次×3組為標準。跳起來時，要抱持著身體從側面看起來是筆直的意識擺出姿勢。

+1 專家建議

透過鏡子確認動作

深蹲最能給予刺激的部位是腿部。然而，為了有效地給予刺激，以正確姿勢進行非常重要。如果以錯誤的姿勢進行訓練，不僅會失去效果，也有可能會受傷。一開始訓練時不妨透過鏡子一邊確認動作一邊進行。

訣竅 43

陸上訓練②

刺激下半身並調整平衡

CHECK POINT
❶ 後弓箭步（標準＆流線形）
❷ 單腳平衡（立正姿勢）
❸ 單腳平衡（流線形姿勢）

繃緊體幹取得身體平衡 以下半身為主給予刺激

藉由深蹲運動以下半身為主給予刺激之後，接著要培養包含體幹在內的平衡感。雖說要取得身體的平衡，不過還是以下半身為主給予刺激。

首先是後弓箭步。手叉在腰上繃緊體幹，不要讓身體往前後傾倒，這是標準的後弓箭步。接著做出流線形姿勢，進行加了游泳動作的後弓箭步。

接下來，以立正的狀態單腳取得平衡。如果體幹部分和下半身不穩定，很快就會搖搖晃晃。這個訓練也和後弓箭步一樣，做出立正的標準姿勢和流線形姿勢這兩種狀態進行訓練吧。

POINT 1

後弓箭步（標準&流線形）

手叉在腰上的後弓箭步，和做出流線形姿勢的後弓箭步，分別以20次×3組為標準進行訓練。腳並非向前，而是往後蹲下的理由是，訓練時不是要注意腳的前側（大腿），而是要注意腿後腱的部分。

POINT 2

單腳平衡（立正姿勢）

一隻腳稍微彎曲膝蓋，另一隻腳伸向後方，同時上半身向前倒，背部與地面呈水平的訓練。如果沒有事先繃緊體幹，背部就不會挺直。以10秒×3組為標準進行訓練。

POINT 3

單腳平衡（流線形姿勢）

以立正姿勢進行的單腳平衡，這次要用手擺出流線形姿勢進行。這個訓練也是以10秒×3組為標準。手往前伸直會變得更難取得平衡，所以訓練時要注意體幹，避免身體搖晃。

+1 專家建議

良好的姿勢代表體幹的強度

下半身的訓練幾乎都得注意姿勢。如果這時沒有繃緊體幹，背部就會彎曲或身體不穩定。這麼一來也可能導致腰部出問題，所以進行下半身的訓練時一定要確實運用體幹。

訣竅 44

鍛鍊接近體幹的下半身

陸上訓練③

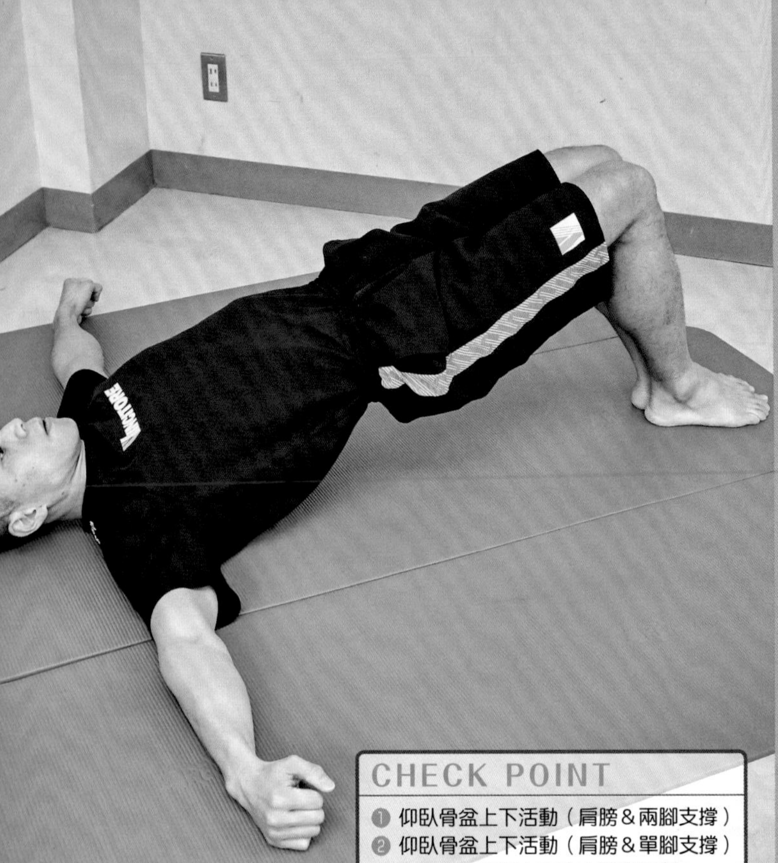

CHECK POINT

❶ 仰臥骨盆上下活動（肩膀＆兩腳支撐）
❷ 仰臥骨盆上下活動（肩膀＆單腳支撐）
❸ 維持仰臥姿勢上下左右移動腿部

加強對體幹部分的刺激 同時也鍛鍊下半身

前面我們已經藉由深蹲等訓練給予下半身（尤其是腿部）刺激，接下來要慢慢地鍛鍊接近體幹的部位。

首先從面朝上仰臥的狀態，將膝蓋彎成90度左右。維持這個角度抬起骨盆，讓肩膀到膝蓋呈現一直線。慢慢地抬起，然後慢慢地放下，重複進行這個動作。

接著稍微提高一點負荷，將一隻腳伸直，和剛才一樣讓骨盆上下活動。最後，抬起骨盆保持身體挺直的狀態，然後上下左右移動腿部。移動腿部時，要確實繃緊體幹維持姿勢，不要讓骨盆或身體跟著一起動。

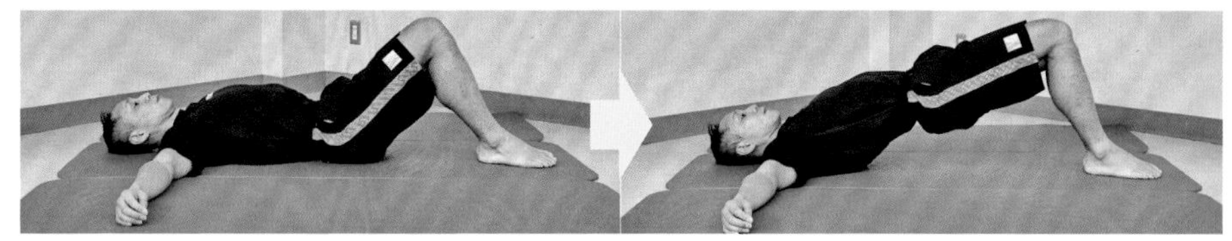

POINT 1 仰臥骨盆上下活動（肩膀＆兩腳支撐）

以仰臥的姿勢用肩膀和兩腳支撐身體，上下活動骨盆。抬起骨盆時要注意腰部不要向後彎，從側面看身體時肩膀到膝蓋必須呈現一直線。以20次×3組為標準進行訓練。注意兩腳的膝蓋不要分開。

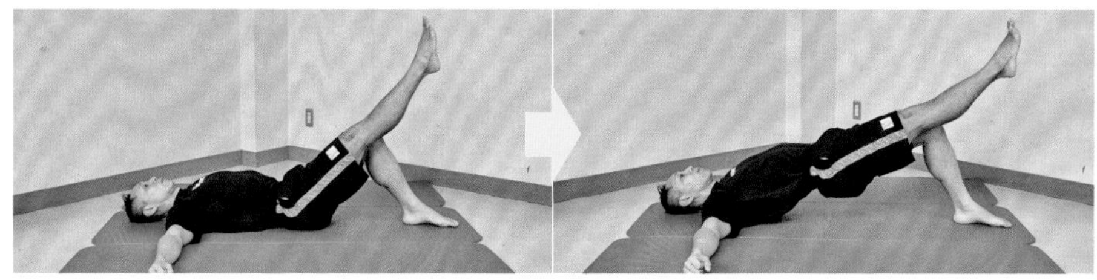

POINT 2 仰臥骨盆上下活動（肩膀＆單腳支撐）

以仰臥的姿勢用肩膀和一隻腳支撐身體，另一隻腳伸直，上下活動骨盆的訓練。抬起骨盆時，抬起的那隻腳腳尖到肩膀必須呈一直線。這個訓練也是以20次×3組為標準。注意動作時兩腳的膝蓋不要分開。

維持仰臥姿勢上下左右移動腿部

以仰臥的姿勢用肩膀和一隻腳支撐身體，到這邊為止和②相同，這次是要保持骨盆抬起的狀態，上下左右移動腿部。以上下10次、左右10次各3組為標準。活動腿部時要記得繃緊體幹，身體不要跟著一起動。

訣竅 45

陸上訓練④

一邊活動身體一邊刺激體幹

CHECK POINT

❶ 四肢著地貓式＆犬式（標準＆單臂舉起）
❷ 四肢著地對角線平衡
❸ 四肢著地髖關節旋轉

雖然是體幹的訓練卻能給予近似游泳的刺激

充分給予下半身刺激後，接下來是體幹的部分。雖然鍛鍊讓體幹靜止不動的力量也很重要，不過在那之前要先給予整個身體動態的刺激。

從四肢著地的姿勢開始，打開胸廓、背部向後彎，然後反過來從胸口窩拱起身體彎曲背部。在這個動作中再加上手的動作。之後轉換到固定體幹部分讓身體穩定，同時活動手腳的訓練。

這個訓練必須固定體幹讓身體保持穩定，同時活動手腳，因此可說與游泳有直接的關係。

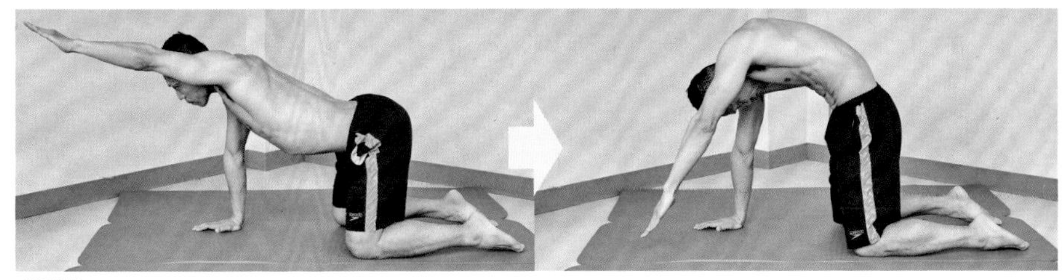

POINT 1
四肢著地貓式&犬式（標準&單臂舉起）

從四肢著地的姿勢開始，胸口窩往下、背部向後彎，然後以胸口窩為中心向上拱起彎曲背部。彎曲背部時要徹底打開肩胛骨（P114圖片）。先兩手貼在地上進行，接著伸直一隻手進行。兩者皆以20次×3組為標準。

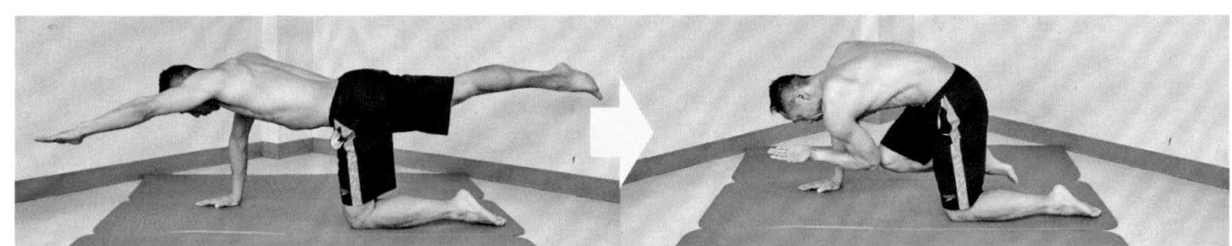

POINT 2
四肢著地對角線平衡

從四肢著地的姿勢開始，一隻手向前伸，和手成對角線上的腳向後伸。接著從這個狀態彎起身體，讓手肘和膝蓋靠在一起，再回到伸直的狀態，重複這些動作。以20次×3組為標準進行訓練。

POINT 3
四肢著地髖關節旋轉

以四肢著地的姿勢抬起一隻腳。接著一邊彎曲膝蓋，一邊從髖關節旋轉腿部。內旋和外旋兩者都要進行。旋轉腿部時，注意身體不要傾斜。以左右各20次×3組為標準。

訣竅 46

陸上訓練⑤

一邊提高體幹的負荷一邊活動手腳

即使活動手腳也要經常注意體幹。

一面提高對體幹的負荷
一面活動手腳的訓練

一邊做出更加刺激體幹部分的姿勢一邊活動手腳吧。

做出手肘和膝蓋貼在地上的姿勢，一邊將體重移到前面一邊彎曲背部。重點是肩胛骨要充分打開，同時彎曲身體。接著，從手肘和膝蓋撐地的狀態進行膝蓋的屈伸，對體幹部分施加較強的負荷。最後，只用一邊的手肘支撐身體，並加上扭轉身體的動作。

這個訓練主要的目的是一邊繃緊體幹，一邊擴大肩胛骨的可動範圍。肩胛骨的動作與漂亮的划水動作息息相關。這也是為了在划水時繃緊體幹，讓身體穩定的訓練。

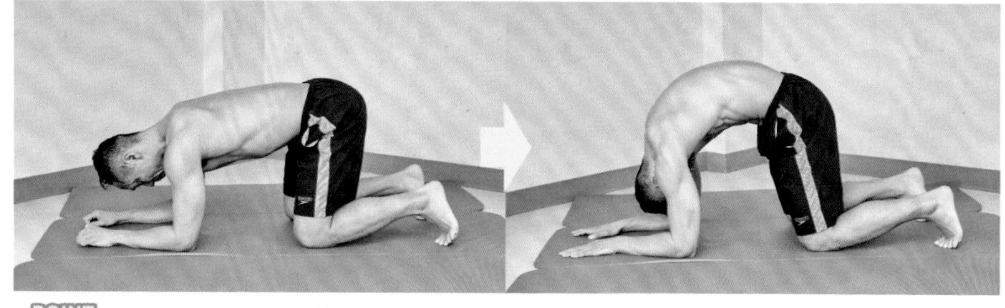

POINT 1 四肢著地手肘撐地 打開肩胛骨

手肘和膝蓋貼在地上四肢著地後，一邊將重心移到前面一邊打開肩胛骨。訓練時要注意體幹的部分，不要讓背部向後仰。慢慢地進行，注意肩胛骨的動作，以20次×3組為標準。

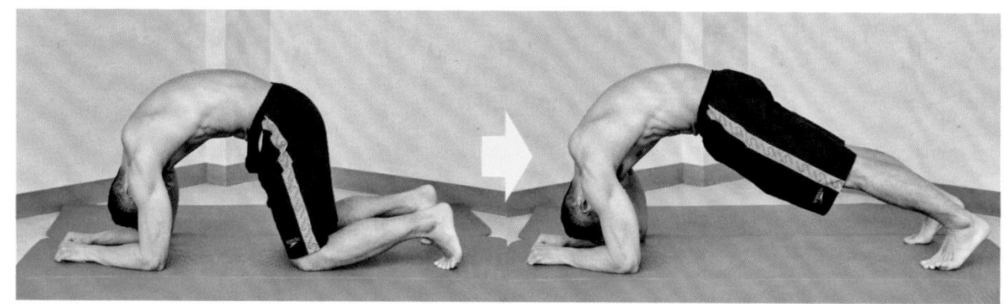

POINT 2 四肢著地手肘撐地 膝蓋屈伸

同樣將手肘和膝蓋貼在地上四肢著地後，腳尖也貼在地上。從這個狀態開始，背部保持彎曲膝蓋伸直。雖然會給予體幹部分強烈的刺激，不過訓練時不要放鬆腹部的力量。以20次×3組為標準。

POINT 3 四肢著地手肘撐地 左右轉體

這個訓練會從同樣的姿勢開始，加入身體往左右轉體的動作。維持體幹繃緊的狀態，只用一邊的手肘支撐身體，抬起另一隻手肘扭轉身體。以左右各10次×3組為標準。

訣竅 47

陸上訓練⑥

藉由高負荷刺激全身

CHECK POINT

1. 棒式　毛毛蟲（伏地挺身）
2. 棒式　骨盆旋轉
3. 棒式　骨盆旋轉＋側棒式

即使加入大動作身體也別上下左右晃動

隨著對體幹部分的負荷愈來愈強，接下來我們要連同與游泳有關的動作一起進行。

我們會從稱為棒式，用手和腳尖支撐身體的動作開始接下來的訓練。光是這個動作其實對體幹部分的負荷就相當高了。第一個運動是從棒式的狀態開始，如毛毛蟲般向上突出臀部，再回到原本的姿勢。如果要繼續提高運動的強度，可以在身體回來時加上伏地挺身的動作。

接著是繃緊體幹，讓身體保持筆直，骨盆往左右傾斜的運動。然後在扭轉骨盆的動作中再加上上半身的動作。

POINT 1

棒式 毛毛蟲（伏地挺身）

用手和腳尖支撐身體，做出背部呈一直線的姿勢。從這個姿勢將臀部向上突出，再恢復原狀。如果想提高負荷，也可以在回到棒式的姿勢時，追加伏地挺身的動作。以20次×3組為標準進行訓練。

POINT 2

棒式 骨盆旋轉

保持棒式的姿勢，將骨盆往左右傾斜。骨盆傾斜時，要維持收腹的狀態，想著從胸椎旋轉來進行動作。這時如果也能注意髖關節的扭轉動作會更好。以20次×3組為標準。

POINT 3

棒式 骨盆旋轉＋側棒式

以棒式的姿勢傾斜骨盆，在這個動作中加上上半身的訓練。在身體傾斜時，只會用一隻手取得平衡支撐住身體，因此是負荷非常高的訓練。最初以10次×3組為標準進行訓練。

+1 專家建議

以身體保持挺直為最優先

由於棒式的姿勢對體幹的負荷非常高，所以進行毛毛蟲運動或骨盆旋轉時，身體會在不知不覺間變得沒有筆直。進行這些訓練時，要以身體維持筆直為最優先。

訣竅 48

活動與划水有關的肩胛骨

陸上訓練⑦

擴大肩胛骨的可動範圍 有助於做出漂亮的划水動作

從下半身開始到體幹都給予刺激之後，最後要擴大肩胛骨的可動範圍，開始進行與游泳有關的上半身訓練。

首先夾緊腋下，從打開夾起肩胛骨的運動開始，然後上下活動，重複進行更大幅度打開夾起的動作，逐步擴大肩胛骨的可動範圍。接著加上扭轉手臂的動作，進行更複雜的肩胛骨動作，最後旋轉肩胛骨。

肩胛骨的動作與划水動作的大小有直接關係。擴大肩胛骨的可動範圍不僅能順暢地游泳，也能大幅減輕肩膀的負擔，所以身體也不容易出問題。

POINT 1 肩胛骨　腋下夾緊肱骨內外旋＋手肘90度肱骨內外旋

腋下夾緊手肘彎成90度，手掌向上進行肩胛骨打開、夾起的運動。接著手肘抬高到肩膀的高度，手臂前後活動，刺激肩膀細微的肌肉。專注於肩胛骨的動作，而不是手臂的動作，以各20次為標準進行訓練。

POINT 2 肩胛骨 打開舉起放下夾起

從手肘彎成90度的狀態，打開、夾起肩胛骨，舉起、放下手臂的同時，肩胛骨也會上下活動。肩胛骨打開時手掌朝向內側，夾起時手掌朝向外側移動，肩胛骨會更容易活動。以前後上下為1組，做20次為標準。

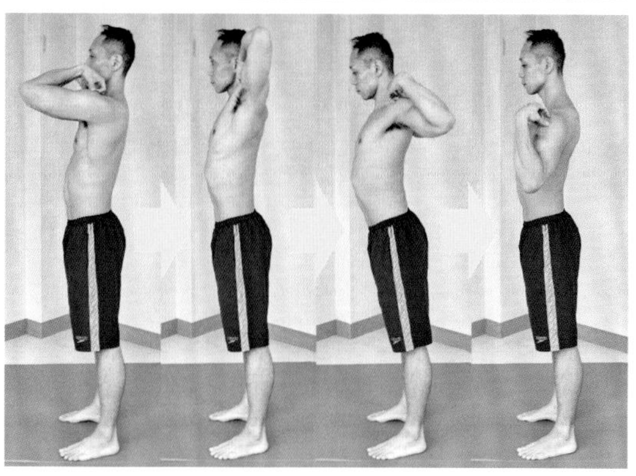

POINT 3 肩胛骨 肩膀向後旋轉

手放在肩膀上，從肩胛骨將手臂向後旋轉。與其在手伸直的狀態下旋轉，將手放在肩膀上更能注意肩胛骨且更容易旋轉。一定要想著活動肩胛骨，而不是轉動肩膀。以20次為標準。

訣竅 49

伸展運動①

從下半身到臀部都要伸展

CHECK POINT

❶ 開腿　腿後腱＋肋骨
❷ 髂腰肌＋肋骨＆髂腰肌＋股四頭肌
❸ 臀部伸展（坐下＆仰臥）

以聚集大塊肌肉的下半身為主進行伸展運動

游泳結束後的保養，絕不能缺少伸展運動。肌肉在使用過後會逐漸收縮變硬。而輕鬆放鬆肌肉的方法，就是伸展運動。尤其從聚集大塊肌肉的臀部到下半身，都要仔細地做伸展運動。

另外，雖然伸展運動只有下半身也可以，不過也有效率更好的方法，能連上半身一起做伸展運動。

游完泳做完緩和運動後，並不代表練習就結束了。當天的疲勞，要在當天去除。伸展的訣竅是並不是要忍耐做到會痛的地步，而是應該在感覺舒暢的程度仔細地進行。

POINT 1 開腿 腿後腱＋肋骨

首先簡單地開腿，伸展腿後腱。腿僵硬的話也可能會引發腰痛，所以要好好地保養。另外，身體往正側面傾倒也可以一起伸展體側，所以進行時要確認是否兩邊都有伸展。

POINT 2 髂腰肌＋肋骨＆髂腰肌＋股四頭肌

雙腳前後打開，後腳膝蓋跪地。從這個狀態向後扭轉身體並且後仰，就能伸展髂腰肌與肋骨。維持雙腳前後打開的狀態，抬起後腳腳尖的話，便能伸展髂腰肌和股四頭肌。

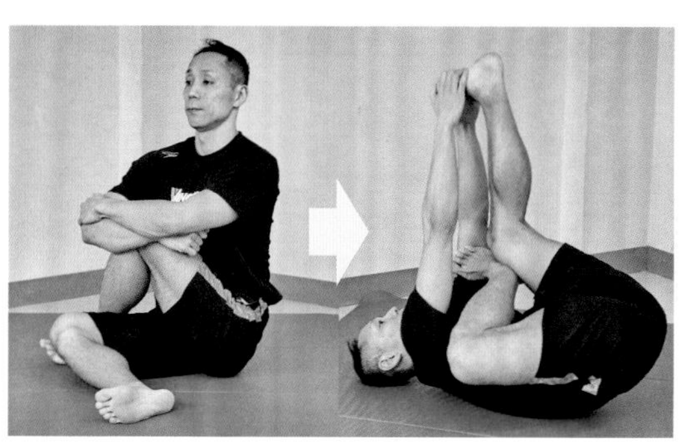

POINT 3 臀部伸展（坐下＆仰臥）

實際上臀部很容易累積疲勞。坐在地上用一腳的腳踝勾住另一隻腳的大腿，將膝蓋拉近身體伸展。腳踝放在另一隻腳的大腿上，然後躺下拉腿，也是能有效伸展臀部的伸展運動。

＋1 專家建議

伸展運動 不要用力地拉扯

正在藉由伸展運動伸展的部位，如果用力地拉扯反而容易使肌肉疼痛。仔細、慢慢地伸展肌肉是伸展運動的最大前提。一個部位只要進行30～60秒就會很有效。

訣竅 50

伸展運動②

從體幹到細微部位都要保養

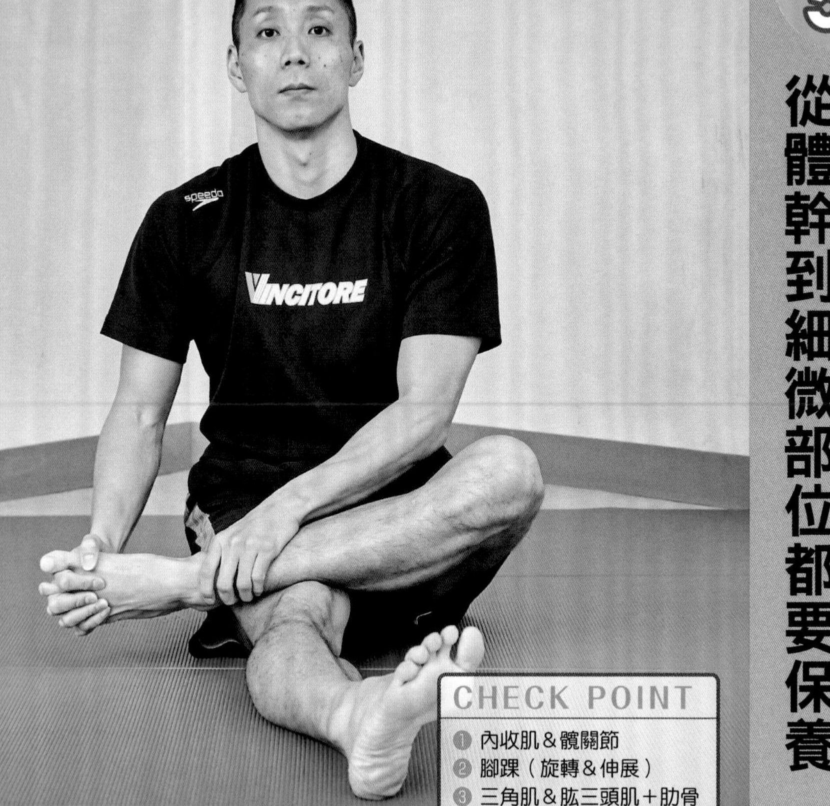

內收肌和髖關節 腳踝和肩膀等關節也要伸展

伸展完下半身的大塊肌肉之後，接著我們要依序伸展內收肌和髖關節、腳踝和肩胛骨、肩膀等關節的細微肌肉。

伸展運動終究是為了消除肌肉疲勞所進行的保養。和擴展關節可動範圍的柔軟操意義完全不同，這點請各位一定要先記住。

尤其腳踝、肩膀和肩胛骨等處的伸展運動，很容易與柔軟操混淆。即使是伸展關節的伸展運動，也要抱持著伸展關節附近肌肉的想法來進行。請像是呵護使用過的部位一般，慢慢地伸展。伸展運動也是很好的陸上訓練之一。不要偷懶，游泳結束後一定要好好進行伸展運動。

POINT 1 內收肌＆髖關節

內收肌和髖關節是打水時很常用到的部位。面朝上躺下，用一邊的腳將另一隻腳的膝蓋朝向內側壓住伸展。這個伸展運動的目的在於髖關節部分，因此進行時腰部不要扭轉。

POINT 2 腳踝（旋轉＆伸展）

盤起腿，抓住腳尖旋轉的伸展運動，再加上從跪坐的姿勢抬起膝蓋，伸展打水時過度使用的腳踝肌肉。旋轉腳踝時，將手指插入腳趾之間，腳尖就會放鬆。

POINT 3 三角肌＆肱三頭肌＋肋骨

手背貼住體側，用另一隻手把手肘拉到內側伸展三角肌。此外，在腦後拉住手肘進行伸展，就能伸展到肱三頭肌、體側與肋骨。肩膀周圍也要在不會痛的情況下慢慢伸展。

+1 專家建議

保養與高品質的訓練息息相關

保養使用過後疲勞的肌肉，為下一次的練習做準備，是一件非常重要的事。以結果來說這可以使練習的成效更好，讓泳技更加提升。養成習慣保養身體，維持良好的身體機能，以隨時都能全力以赴嚴酷的訓練。

原　英晃

1974年出生，靜岡縣人，畢業於日本大學。

為日本體育協會認證游泳上級教練、全美體育暨運動教練協會認定個人體適能教練。為200公尺自由式的前日本紀錄保持人，以及400、800公尺游泳接力賽前日本紀錄成員。曾榮獲1998年亞洲運動會金牌，並於2001年世界錦標賽闖進決賽，國際賽事的經驗豐富。連續23年出賽日本選手權賽（1993～2015年），44歲仍在國民體育大會達成第26次出場等，擁有「鐵人泳者」的外號，在職業游泳領域也是多項世界紀錄保持人。

以指導者的身分擔任日本大學游泳社游泳教練，為2005～2007年校際游泳隊綜合項目3連霸做出貢獻。目前為（株）Vincitore負責人，擔任日本全國各地的游泳講座和研討會講師，指導對象非常廣泛，從青少年到專業泳者、游泳選手或游泳以外的頂尖運動家都有；指導範圍除了游泳技巧，還包括重量訓練和體能訓練等綜合性指導，並獲得高度評價。

●日文版工作人員
攝　　影　小川保、曾田英介
設　　計　都澤昇
執筆協力　田坂友暁
編　　輯　株式会社ギグ

國家圖書館出版品預行編目資料

全彩圖解 提升泳速的50堂訓練課／原英晃監修；
蘇聖翔譯. -- 初版. -- 臺北市：臺灣東販, 2019.08
128面；14.8×21公分

ISBN 978-986-511-088-8(平裝)

1.游泳

528.961 108010686

DVD DE KIROKU WO NOBASU! KYOUEI SAIKYOU NO KOTSU50 KAITEIBAN

Originally published in Japan in (2018) by mates publishing co.,ltd.
Chinese translation rights arranged through
TOHAN CORPORATION, TOKYO.

全彩圖解 提升泳速的 50 堂訓練課

調整泳姿！馬上刷新個人紀錄！

2019 年 8 月 1 日初版第一刷發行

監　　修　原 英晃
譯　　者　蘇聖翔
編　　輯　邱千容
發 行 人　南部裕
發 行 所　台灣東販股份有限公司
　　　　　＜地址＞台北市南京東路 4 段 130 號 2F-1
　　　　　＜電話＞（02）2577-8878
　　　　　＜傳真＞（02）2577-8896
　　　　　＜網址＞ http://www.tohan.com.tw
郵撥帳號　1405049-4
法律顧問　蕭雄淋律師
總 經 銷　聯合發行股份有限公司
　　　　　＜電話＞（02）2917-8022